The Snow Queen

Die Schneekönigin

Zweisprachig in Deutsch und Englisch
Bilingual Fairy Tale in German and English
by Hans Christian Andersen and Svetlana Bagdasaryan

Erste Geschichte
welche von dem Spiegel und den Scherben handelt

Seht, nun fangen wir an. Wenn wir am Ende der Geschichte sind, wissen wir mehr als jetzt, denn es war ein böser Kobold!

Es war einer der allerärgsten, es war der Teufel! Eines Tages war er recht bei Laune, denn er hatte einen Spiegel gemacht, welcher die Eigenschaft besaß, daß alles Gute und Schöne, was sich darin spiegelte, fast zu Nichts zusammenschwand, aber das, was nichts taugte und sich schlecht ausnahm, hervortrat und noch ärger wurde. Die herrlichsten Landschaften sahen wie gekochter Spinat darin aus, und die besten Menschen wurden widerlich und standen auf dem Kopfe ohne Rumpf, die Gesichter wurden so verdreht, daß sie nicht zu erkennen waren, und hatte man einen Sonnenfleck, so konnte man überzeugt sein, daß er sich über Nase und Mund verbreitete.

* * *

First Story
Which Treats of a Mirror and of the Splinters

Now then, let us begin. When we are at the end of the story, we shall know more than we know now: but to begin.

Once upon a time there was a wicked sprite, indeed he was the most mischievous of all sprites. One day he was in a very good humor, for he had made a mirror with the power of causing all that was good and beautiful when it was reflected therein, to look poor and mean; but that which was good-for-nothing and looked ugly was shown magnified and increased in ugliness. In this mirror the most beautiful landscapes looked like boiled spinach, and the best persons were turned into frights, or appeared to stand on their heads; their faces were so distorted that they were not to be recognised; and if anyone had a mole, you might be sure that it would be magnified and spread over both nose and mouth.

"Das sei äußerst belustigend," sagte der Teufel. Fuhr nun ein guter frommer Gedanke durch einen Menschen, dann zeigte sich ein Grinsen im Spiegel, so daß der Teufel über seine künstliche Erfindung lachen mußte. Alle, welche die Koboldschule besuchten, denn er hielt Koboldschule, erzählten überall, daß ein Wunder geschehen sei; nun könne man erst sehen, meinten sie, wie die Welt und die Menschen wirklich aussähen.

Sie liefen mit dem Spiegel umher, und zuletzt gab es kein Land oder keinen Menschen mehr, welcher nicht verdreht darin erschienen wäre. Nun wollten sie auch zum Himmel auffliegen, um sich über die Engel und den lieben Gott lustig zu machen. Je höher sie mit dem Spiegel flogen, um so mehr grinste er; sie konnten ihn kaum festhalten. Sie flogen höher und höher, Gott und den Engeln näher; da erzitterte der Spiegel so fürchterlich in seinem Grinsen, daß er ihren Händen entfiel und zur Erde stürzte, wo er in hundert Millionen, Billionen und noch mehr Stücke zersprang. Und nun grade verursachte er weit größeres Unglück als zuvor; denn einige Stücke waren kaum so groß wie ein Sandkorn, und diese flogen ringsumher in der weiten Welt, und wo jemand sie in das Auge bekam, da blieben sie sitzen, und da sahen die Menschen alles verkehrt oder hatten nur Augen für das Verkehrte bei einer Sache; denn jede kleine Spiegelscherbe hatte dieselben Kräfte behalten, welche der ganze Spiegel besaß. Einige Menschen bekamen sogar eine Spiegelscherbe in das Herz,m und dann war es ganz greulich; das Herz wurde einem Klumpen Eis gleich. Einige Spiegelscherben waren so groß, daß sie zu Fensterscheiben verbraucht wurden; aber durch diese Scheiben taugte es nicht, seine Freunde zu betrachten. Andere Stücke kamen in Brillen, und dann ging es schlecht, wenn die Leute diese Brillen aufsetzten, um recht zu sehen und gerecht zu sein; der Böse lachte, daß ihm der Bauch wackelte, und das kitzelte ihn so angenehm. Aber draußen flogen noch kleine Glasscherben in der Luft umher. Nun werden wir's hören!

"That's glorious fun!" said the sprite. If a good thought passed through a man's mind, then a grin was seen in the mirror, and the sprite laughed heartily at his clever discovery. All the little sprites who went to his school – for he kept a sprite school – told each other that a miracle had happened; and that now only, as they thought, it would be possible to see how the world really looked.

They ran about with the mirror; and at last there was not a land or a person who was not represented distorted in the mirror. So then they thought they would fly up to the sky, and have a joke there. The higher they flew with the mirror, the more terribly it grinned: they could hardly hold it fast. Higher and higher still they flew, nearer and nearer to the stars, when suddenly the mirror shook so terribly with grinning, that it flew out of their hands and fell to the earth, where it was dashed in a hundred million and more pieces. And now it worked much more evil than before; for some of these pieces were hardly so large as a grain of sand, and they flew about in the wide world, and when they got into people's eyes, there they stayed; and then people saw everything perverted, or only had an eye for that which was evil. This happened because the very smallest bit had the same power which the whole mirror had possessed. Some persons even got a splinter in their heart, and then it made one shudder, for their heart became like a lump of ice. Some of the broken pieces were so large that they were used for windowpanes, through which one could not see one's friends. Other pieces were put in spectacles; and that was a sad affair when people put on their glasses to see well and rightly. Then the wicked sprite laughed till he almost choked, for all this tickled his fancy. The fine splinters still flew about in the air: and now we shall hear what happened next.

Zweite Geschichte
Ein kleiner Knabe und ein kleines Mädchen

Drinnen in der großen Stadt, wo so viele Menschen und Häuser sind, ja nicht einmal Platz genug ist, daß alle Leute einen kleinen Garten besitzen können, und wo sich deshalb die meisten mit Blumen in Blumentöpfen begnügen müssen, waren zwei arme Kinder, die einen etwas größeren Garten als einen Blumentopf besaßen. Sie waren nicht Bruder und Schwester, aber sie waren sich ebenso gut, als wenn sie es gewesen wären. Die Eltern wohnten einander gerade gegenüber in zwei Dachkammern, wo das Dach des einen Nachbarhauses gegen das andere stieß und die Wasserrinne zwischen den Dächern entlang lief; dort war in jedem Haus ein kleines Fenster; man brauchte nur über die Rinne zu schreiten, so konnte man von dem einen Fenster zum anderen gelangen.

Die Eltern hatten draußen beiderseits einen großen hölzernen Kasten, und darin wuchsen Küchenkräuter, die sie brauchten, und ein kleiner Rosenstock. Es stand einer in jedem Kasten; die wuchsen gar herrlich! Nun fiel es den Eltern ein, die Kasten quer über die Rinne zu stellen, so daß sie fast von dem einen Fenster zum andern reichten und zwei Blumenwällen ganz ähnlich sahen.

* * *

Second Story
A Little Boy and a Little Girl

In a large town, where there are so many houses, and so many people, that there is no roof left for everybody to have a little garden; and where, on this account, most persons are obliged to content themselves with flowers in pots; there lived two little children, who had a garden somewhat larger than a flower-pot. They were not brother and sister; but they cared for each other as much as if they were. Their parents lived exactly opposite. They inhabited two garrets; and where the roof of the one house joined that of the other, and the gutter ran along the extreme end of it, there was to each house a small window: one needed only to step over the gutter to get from one window to the other.

The children's parents had large wooden boxes there, in which vegetables for the kitchen were planted, and little rosetrees besides: there was a rose in each box, and they grew splendidly. They now thought of placing the boxes across the gutter, so that they nearly reached from one window to the other, and looked just like two walls of flowers.

Erbsenranken hingen über die Kasten herunter, und die Rosenstöcke schossen lange Zweige, die sich um die Fenster rankten und einander entgegen bogen; es sah fast einer Ehrenpforte von Blättern und Blumen gleich. Da die Kasten sehr hoch waren und die Kinder wußten,daß sie nicht hinaufkriechen durften, so erhielten sie oft die Erlaubnis, zueinander hinauszusteigen und auf ihren kleinen Schemeln unter den Rosen zu sitzen, da spielten sie dann so prächtig.

Im Winter hatte dieses Vergnügen ein Ende. Die Fenster waren oft ganz zugefroren; aber dann wärmten sie Kupferschillinge auf dem Ofen und legten den warmen Schilling gegen die gefrorene Scheibe; dadurch entstand ein schönes Guckloch, so rund, so rund; dahinter blitzte ein lieblich mildes Auge, eines vor jedem Fenster; das war der kleine Knabe und das kleine Mädchen. Er hieß Kay, und sie hieß Gerda. Im Sommer konnten sie mit einem Sprunge zueinander gelangen; im Winter mußten sie erst die vielen Treppen herunter und die Treppen hinauf; draußen stob der Schnee.

"Das sind die weißen Bienen, die schwärmen," sagte die Großmutter.

"Haben sie auch eine Bienenkönigin?" fragte der kleine Knabe, denn er wußte, daß unter den wirklichen Bienen eine solche ist.

"Die haben sie!" sagte die Großmutter. "Sie fliegt dort, wo sie am dichtesten schwärmen! Es ist die größte von allen, und nie bleibt sie ruhig auf Erden, sie fliegt wieder in die schwarze Wolke hinauf. Manche Mitternacht fliegt sie durch die Straßen der Stadt und blickt zu den Fenstern hinein, und dann frieren die gar sonderbar und sehen wie Blumen aus."

"Ja, das habe ich gesehen!" sagten beide Kinder und wußten nun, daß es wahr sei. "Kann die Schneekönigin hier hereinkommen?" fragte das kleine Mädchen. "Laß sie nur kommen!" sagte der Knabe, "dann setze ich sie auf den warmen Ofen und sie schmilzt." Aber die Großmutter glättete sein Haar und erzählte andere Geschichten.

Am Abend, als der kleine Kay zu Hause und halb entkleidet war, kletterte er auf den Stuhl am Fenster und guckte aus dem kleinen Loch. Ein paar Schneeflocken fielen draußen, und eine derselben, die allergrößte, blieb auf dem Rand des einen Blumenkastens liegen; die Schneeflocke wuchs mehr und mehr und wurde zuletzt ein ganzes Frauenzimmer, in den feinsten weißen Flor gekleidet, der wie aus Millionen sternartiger Flocken zusammengesetzt war. Sie war so schön und fein, aber von Eis, von blendendem, blinkendem Eise. Doch war sie lebendig; die Augen blitzten wie zwei klare Sterne; aber es war keine Ruhe oder Rast in ihnen. Sie nickte dem Fenster zu und winkte mit der Hand. Der kleine Knabe erschrak und sprang vom Stuhl herunter; da war es, als ob draußen vor dem Fenster ein großer Vogel vorbeiflöge.

The tendrils of the peas hung down over the boxes; and the rose-trees shot up long branches, twined round the windows, and then bent towards each other: it was almost like a triumphant arch of foliage and flowers. The boxes were very high, and the children knew that they must not creep over them; so they often obtained permission to get out of the windows to each other, and to sit on their little stools among the roses, where they could play delightfully. In winter there was an end of this pleasure. The windows were often frozen over; but then they heated copper farthings on the stove, and laid the hot farthing on the windowpane, and then they had a capital peep-hole, quite nicely rounded; and out of each peeped a gentle friendly eye – it was the little boy and the little girl who were looking out. His name was Kay, hers was Gerda. In summer, with one jump, they could get to each other; but in winter they were obliged first to go down the long stairs, and then up the long stairs again: and out-of-doors there was quite a snow-storm.

"It is the white bees that are swarming," said Kay's old grandmother.

"Do the white bees choose a queen?" asked the little boy; for he knew that the honey-bees always have one.

"Yes," said the grandmother, "she flies where the swarm hangs in the thickest clusters. She is the largest of all; and she can never remain quietly on the earth, but goes up again into the black clouds. Many a winter's night she flies through the streets of the town, and peeps in at the windows; and they then freeze in so wondrous a manner that they look like flowers."

"Yes, I have seen it," said both the children; and so they knew that it was true.

"Can the Snow Queen come in?" said the little girl.

"Only let her come in!" said the little boy. "Then I'd put her on the stove, and she'd melt."

And then his grandmother patted his head and told him other stories.

In the evening, when little Kay was at home, and half undressed, he climbed up on the chair by the window, and peeped out of the little hole. A few snow-flakes were falling, and one, the largest of all, remained lying on the edge of a flower-pot.

The flake of snow grew larger and larger; and at last it was like a young lady, dressed in the finest white gauze, made of a million little flakes like stars. She was so beautiful and delicate, but she was of ice, of dazzling, sparkling ice; yet she lived; her eyes gazed fixedly, like two stars; but there was neither quiet nor repose in them. She nodded towards the window, and beckoned with her hand. The little boy was frightened, and jumped down from the chair; it seemed to him as if, at the same moment, a large bird flew past the window.

Am nächsten Tag wurde es klarer Frost – und dann kam das Frühjahr; die Sonne schien, das Grün keimte hervor, die Schwalben bauten Nester, die Fenster wurden geöffnet, und die kleinen Kinder saßen wieder in ihrem kleinen Garten hoch oben in der Dachrinne über allen Stockwerken.

Die Rosen blühten diesen Sommer so prachtvoll; das kleine Mädchen hatte einen Psalm gelernt, in welchem auch von Rosen die Rede war; und bei den Rosen dachte sie an ihre eigenen; und sie sang ihn dem kleinen Knaben vor, und er sang mit:

Die Rosen, sie verblüh'n und verwehen, Wir werden das Christkindlein sehen! Und die Kleinen hielten einander bei den Händen, küßten die Rosen, blickten in Gottes hellen Sonnenschein hinein und sprachen zu demselben, als ob das Jesuskind da sei. Was waren das für herrliche Sommertage; wie schön war es draußen bei den frischen Rosenstöcken, welche unermüdlich zu blühen schienen!

Kay und Gerda saßen und blickten in das Bilderbuch mit Tieren und Vögeln, da war es – die Uhr schlug gerade fünf auf dem großen Kirchturm –, daß Kay sagte: "Au! Es stach mir in das Herz, und mir flog etwas in das Auge!"

Das kleine Mädchen fiel ihm um den Hals; er blinzelte mit den Augen; nein, es war gar nichts zu sehen.

"Ich glaube, es ist weg!" sagte er; aber weg war es nicht. Es war gerade so einer von jeden Glassplittern, welche vom Spiegel gesprungen waren, dem Zauberspiegel, wir entsinnen uns seiner wohl, dem häßlichen Glase, welches alles Große und Gute, das sich darin abspiegelte, klein und häßlich machte; aber das Böse und Schlechte trat ordentlich hervor, und jeder Fehler an einer Sache war gleich zu bemerken. Der arme Kay hatte auch ein Splitterchen gerade in das Herz hinein bekommen. Das wird nun bald wie ein Eisklumpen werden; nun tat es nicht mehr weh, aber das Splitterchen war da.

"Weshalb weinst du?" fragte er. "So siehst du häßlich aus! Mir fehlt ja nichts!"

"Pfui" rief er auf einmal: "Die Rose dort hat einen Wurmstich! Und sieh, diese da ist ja ganz schief! Im Grunde sind es häßliche Rosen! Sie gleichen dem Kasten, in welchem sie stehen!" Und dann stieß er mit dem Fuß gegen den Kasten und riß die beiden Rosen ab.

"Kay, was machst du?" rief das kleine Mädchen. Und als er ihren Schreck gewahr wurde, riß er noch eine Rose ab und sprang dann in sein Fenster hinein und von der kleinen lieblichen Gerda fort.

Als sie später mit dem Bilderbuch kam, sagte er, daß das für Wickelkinder passe; und erzählte die Großmutter Geschichten, so kam er immer mit einem "aber" – konnte er dazu gelangen, dann ging er hinter ihr her, setzte eine Brille auf und sprach ebenso wie sie; das machte er ganz treffend, und die Leute lachten über ihn. Bald konnte er Sprache und Gang von allen Menschen in der ganzen Straße nachahmen. Alles, was an ihnen eigentümlich und unschön war, das wußte Kay nachzumachen; und die Leute sagten: "Das ist sicher ein ausgezeichneter Kopf, den der Knabe hat!" Aber es war das Glas, welches ihm in dem Herzen saß; daher kam es auch, daß er selbst die kleine Gerda neckte, die ihm von ganzem Herzen gut war.

The next day it was a sharp frost – and then the spring came; the sun shone, the green leaves appeared, the swallows built their nests, the windows were opened, and the little children again sat in their pretty garden, high up on the leads at the top of the house.

That summer the roses flowered in unwonted beauty. The little girl had learned a hymn, in which there was something about roses; and then she thought of her own flowers; and she sang the verse to the little boy, who then sang it with her:

"The rose in the valley is blooming so sweet, And angels descend there the children to greet."

And the children held each other by the hand, kissed the roses, looked up at the clear sunshine, and spoke as though they really saw angels there. What lovely summer-days those were! How delightful to be out in the air, near the fresh rose-bushes, that seem as if they would never finish blossoming!

Kay and Gerda looked at the picture-book full of beasts and of birds; and it was then – the clock in the church-tower was just striking five – that Kay said, "Oh! I feel such a sharp pain in my heart; and now something has got into my eye!"

The little girl put her arms around his neck. He winked his eyes; now there was nothing to be seen.

"I think it is out now," said he; but it was not. It was just one of those pieces of glass from the magic mirror that had got into his eye; and poor Kay had got another piece right in his heart. It will soon become like ice. It did not hurt any longer, but there it was.

"What are you crying for?" asked he. "You look so ugly! There's nothing the matter with me. Ah," said he at once, "that rose is cankered! And look, this one is quite crooked! After all, these roses are very ugly! They are just like the box they are planted in!" And then he gave the box a good kick with his foot, and pulled both the roses up.

"What are you doing?" cried the little girl; and as he perceived her fright, he pulled up another rose, got in at the window, and hastened off from dear little Gerda.

Afterwards, when she brought her picture-book, he asked, "What horrid beasts have you there?" And if his grandmother told them stories, he always interrupted her; besides, if he could manage it, he would get behind her, put on her spectacles, and imitate her way of speaking; he copied all her ways, and then everybody laughed at him. He was soon able to imitate the gait and manner of everyone in the street. Everything that was peculiar and dis-pleasing in them – that Kay knew how to imitate: and at such times all the people said, "The boy is certainly very clever!" But it was the glass he had got in his eye; the glass that was sticking in his heart, which made him tease even little Gerda, whose whole soul was devoted to him.

Seine Spiele wurden nun ganz anders als früher; sie waren so verständig. An einem Wintertag, als es schneite, kam er mit einem großen Brennglas, hielt seinen blauen Rockzipfel hin und ließ die Schneeflocken darauf fallen.

"Sieh nun in das Glas, Gerda!" sagte er; und jede Schneeflocke wurde viel größer und sah aus wie eine prächtige Blume oder ein zehneckiger Stern; es war schön anzusehen.

"Siehst du, wie künstlich!" sagte Kay. "Das ist weit interessanter als die wirklichen Blumen! Und es ist kein einziger Fehler daran; sie sind ganz akkurat, wenn sie nur nicht schmölzen!"

Bald darauf kam Kay mit großen Handschuhen und seinem Schlitten auf dem Rücken; er rief Gerda in die Ohren: "Ich habe Erlaubnis erhalten, auf dem großen Platz zu fahren, wo die anderen Knaben spielen!" und weg war er.

Dort auf dem Platz banden die kecksten Knaben oft ihre Schlitten an die Wagen der Landleute fest, und dann fuhren sie ein gutes Stück Wegs mit. Das ging recht schön. Als sie im besten Spielen waren, kam ein großer Schlitten; der war ganz weiß angestrichen, und darin saß jemand, in einen rauhen weißen Pelz gehüllt und mit einer rauhen weißen Mütze.

* * *

His games now were quite different to what they had formerly been, they were so very knowing. One winter's day, when the flakes of snow were flying about, he spread the skirts of his blue coat, and caught the snow as it fell.

"Look through this glass, Gerda," said he. And every flake seemed larger, and appeared like a magnificent flower, or beautiful star; it was splendid to look at!

"Look, how clever!" said Kay. "That's much more interesting than real flowers! They are as exact as possible; there i not a fault in them, if they did not melt!"

It was not long after this, that Kay came one day with large gloves on, and his little sledge at his back, and bawled right into Gerda's ears, "I have permission to go out into the square where the others are playing"; and off he was in a moment.

There, in the market-place, some of the boldest of the boys used to tie their sledges to the carts as they passed by, and so they were pulled along, and got a good ride. It was so capital! Just as they were in the very height of their amusement, a large sledge passed by: it was painted quite white, and there was someone in it wrapped up in a rough white mantle of fur, with a rough white fur cap on his head.

Der Schlitten fuhr zweimal um den Platz herum, und Kay band seinen kleinen Schlitten schnell daran fest, und nun fuhr er mit. Es ging rascher und rascher, gerade hinein in die nächste Straße; der, welcher fuhr, drehte sich um, nickte dem Kay freundlich zu; es war, als ob sie einander kannten. Jedesmal, wenn Kay seinen kleinen Schlitten ablösen wollte, nickte der Fahrende wieder, und dann blieb Kay sitzen; sie fuhren zum Stadttor hinaus. Da begann der Schnee so hernieder zu fallen, daß der kleine Knabe keine Hand vor sich erblicken konnte; aber er fuhr weiter. Nun ließ er schnell die Schnur fahren, um von dem großen Schlitten loszukommen, aber das half nichts, sein kleines Fuhrwerk hing fest, und es ging mit Windeseile vorwärts. Da rief er ganz laut, aber niemand hörte ihn, und der Schnee stob, und der Schlitten flog von dannen; mitunter gab es einen Sprung; es war, als führe er über Gräben und Hecken. Der Knabe war ganz erschrocken; er wollte sein Vaterunser beten, aber er konnte sich nur des großen Einmaleins entsinnen.

* * *

The sledge drove round the square twice, and Kay tied on his sledge as quickly as he could, and off he drove with it. On they went quicker and quicker into the next street; and the person who drove turned round to Kay, and nodded to him in a friendly manner, just as if they knew each other. Every time he was going to untie his sledge, the person nodded to him, and then Kay sat quiet; and so on they went till they came outside the gates of the town. Then the snow began to fall so thickly that the little boy could not see an arm's length before him, but still on he went: when suddenly he let go the string he held in his hand in order to get loose from the sledge, but it was of no use; still the little vehicle rushed on with the quickness of the wind. He then cried as loud as he could, but no one beard him; the snow drifted and the sledge flew on, and sometimes it gave a jerk as though they were driving over hedges and ditches. He was quite frightened, and he tried to repeat the Lord's Prayer; but all he could do, he was only able to remember the multiplication table.

Die Schneeflocken wurden größer und größer; zuletzt sahen sie aus wie große weiße Hühner. Auf einmal sprangen sie zur Seite; der große Schlitten hielt, und die Person, die in ihm fuhr, erhob sich; der Pelz und die Mütze waren ganz und gar von Schnee; es war eine Dame, hoch und schlank, glänzend weiß; es war die Schneekönigin.

"Wir sind gut gefahren!" sagte sie. "Aber wer wird frieren! Krieche in meinen Bärenpelz!" Und sie setzte ihn neben sich in den Schlitten und schlug den Pelz um ihn; es war, als versinke er in einem Schneetreiben.

"Friert dich noch?" fragte sie, und dann küßte sie ihn auf die Stirn. Oh! das war kälter als Eis; das ging ihm gerade hinein bis ins Herz, welches ja doch zur Hälfte ein Eisklumpen war. Es war, als sollte er sterben; aber nur einen Augenblick, dann tat es ihm recht wohl; er spürte nichts mehr von der Kälte ringsumher.

"Meinen Schlitten! Vergiß nicht meinen Schlitten!" Daran dachte er zuerst, und der wurde an eins der weißen Hühnchen festgebunden, und dieses flog hinterher mit dem Schlitten auf dem Rücken. Die Schneekönigin küßte Kay nochmals, und da hatte er die kleine Gerda, die Großmutter und alle daheim vergessen.

"Nun bekommst du keine Küsse mehr!" sagte sie; "denn sonst küßte ich dich tot!"

Kay sah sie an; sie war so schön; ein klügeres, lieblicheres Antlitz konnte er sich nicht denken. Nun erschien sie ihm nicht von Eis wie damals, als sie draußen vor dem Fenster saß und ihm winkte; in seinen Augen war sie vollkommen; er fühlte gar keine Furcht. Er erzählte ihr, daß er kopfrechnen könne, und zwar mit Brüchen; er wisse des Landes Quadratmeilen und die Einwohnerzahl; sie lächelte immer. Da kam es ihm vor, als sei es doch nicht genug, was er wisse; und er blickte hinauf in den großen Luftraum; und sie flog mit ihm, flog hoch hinauf auf die schwarze Wolke, und der Sturm sauste und brauste; es war, als sänge er alte Lieder. Sie flogen über Wälder und Seen, über Meere und Länder; unter ihnen sauste der kalte Wind, die Wölfe heulten, der Schnee knisterte; über demselben flogen die schwarzen, schreienden Krähen dahin; aber hoch oben schien der Mond so groß und klar, und dort betrachtete Kay die lange, lange Winternacht. Am Tage schlief er zu den Füßen der Schneekönigin.

The snow-flakes grew larger and larger, till at last they looked just like great white fowls. Suddenly they flew on one side; the large sledge stopped, and the person who drove rose up. It was a lady; her cloak and cap were of snow. She was tall and of slender figure, and of a dazzling whiteness. It was the Snow Queen.

"We have travelled fast," said she; "but it is freezingly cold. Come under my bearskin." And she put him in the sledge beside her, wrapped the fur round him, and he felt as though he were sinking in a snow-wreath.

"Are you still cold?" asked she; and then she kissed his forehead. Ah! it was colder than ice; it penetrated to his very heart, which was already almost a frozen lump; it seemed to him as if he were about to die – but a moment more and it was quite congenial to him, and he did not remark the cold that was around him.

"My sledge! Do not forget my sledge!" It was the first thing he thought of. It was there tied to one of the white chickens, who flew along with it on his back behind the large sledge. The Snow Queen kissed Kay once more, and then he forgot little Gerda, grandmother, and all whom he had left at his home.

"Now you will have no more kisses," said she, "or else I should kiss you to death!"

Kay looked at her. She was very beautiful; a more clever, or a more lovely countenance he could not fancy to himself; and she no longer appeared of ice as before, when she sat outside the window, and beckoned to him; in his eyes she was perfect, he did not fear her at all, and told her that he could calculate in his head and with fractions, even; that he knew the number of square miles there were in the different countries, and how many inhabitants they contained; and she smiled while he spoke. It then seemed to him as if what he knew was not enough, and he looked upwards in the large huge empty space above him, and on she flew with him; flew high over,the black clouds, while the storm moaned and whistled as though it were singing some old tune. On they flew over woods and lakes, over seas, and many lands; and beneath them the chilling storm rushed fast, the wolves howled, the snow crackled; above them flew large screaming crows, but higher up appeared the moon, quite large and bright; and it was on it that Kay gazed during the long long winter's night; while by day he slept at the feet of the Snow Queen.

Dritte Geschichte
Der Blumengarten bei der Frau, welche zaubern konnte

Aber wie erging es der kleinen Gerda, als Kay nicht zurückkehrte? Wo war er nur geblieben? Niemand wußte es, niemand konnte Bescheid geben. Die Knaben erzählten nur, daß sie ihn seinen Schlitten an einen mächtig großen hätten binden sehen, der in die Straße hinein und zu dem Stadttor hinausgefahren sei. Niemand wußte, wo er war, und viele Tränen flossen. Die kleine Gerda weinte so viel und so lange, denn sagte sie, er sei tot, er sei im Fluß ertrunken, der nahe bei der Schule vorbeifloß; oh, das waren recht lange, finstere Wintertage!

Nun kam der Frühling mit wärmerem Sonnenschein.

"Kay ist tot und fort!" sagte die kleine Gerda.

"Das glaube ich nicht!" antwortete der Sonnenschein.

"Er ist tot und fort!" sagte sie zu den Schwalben.

"Das glauben wir nicht!" erwiderten diese, und am Ende glaubte die kleine Gerda es auch nicht.

"Ich will meine neuen roten Schuhe anziehen," sagte sie eines Morgens, "die, welche Kay nie gesehen hat, und dann will ich zum Fluß hinuntergehen und den nach ihm fragen!"

Und es war noch ganz früh; sie küßte die alte Großmutter, die noch schlief, zog die roten Schuhe an und ging ganz alleine aus dem Stadttor zu dem Fluß. "Ist es war, das du mir meinen kleinen Spielkameraden genommen hast? Ich will dir meine roten Schuhe schenken, wenn du ihn mir wiedergeben willst!"

Und es war ihr, als nickten die Wellen so sonderbar. Da nahm sie ihre roten Schuhe, die sie am liebsten hatte, und warf sie alle beide in den Fluß hinein; aber sie fielen dicht an das Ufer, und die kleinen Wellen trugen sie ihr wieder an das Land. Es war gerade, als wollte der Fluß nicht das liebste, was sie besaß, weil er den kleinen Kay ja nicht hatte. Aber sie glaubte nun, daß sie die Schuhe nicht weit genug hinausgeworfen habe; und so kroch sie in ein Boot, welches im Schilf lag. Sie ging ganz an das äußerste Ende desselben und warf die Schuhe von da in das Wasser; aber das Boot war nicht festgebunden, und bei der Bewegung, welche sie verursachte, glitt es vom Land ab. Sie bemerkte es und beeilte sich, herauszukommen; doch ehe sie zurückkam, war das Boot über eine Elle vom Lande, und nun trieb es schneller von dannen.

Third Story
Of the Flower-Garden At the Old Woman's Who Understood Witchcraft

But what became of little Gerda when Kay did not return? Where could he be? Nobody knew; nobody could give any intelligence. All the boys knew was, that they had seen him tie his sledge to another large and splendid one, which drove down the street and out of the town. Nobody knew where he was; many sad tears were shed, and little Gerda wept long and bitterly; at last she said he must be dead; that he had been drowned in the river which flowed close to the town. Oh! those were very long and dismal winter evenings!

At last spring came, with its warm sunshine.

"Kay is dead and gone!" said little Gerda.

"That I don't believe," said the Sunshine.

"Kay is dead and gone!" said she to the Swallows.

"That I don't believe," said they: and at last little Gerda did not think so any longer either.

"I'll put on my red shoes," said she, one morning; "Kay has never seen them, and then I'll go down to the river and ask there."

It was quite early; she kissed her old grandmother, who was still asleep, put on her red shoes, and went alone to the river.

"Is it true that you have taken my little playfellow? I will make you a present of my red shoes, if you will give him back to me."

And, as it seemed to her, the blue waves nodded in a strange manner; then she took off her red shoes, the most precious things she possessed, and threw them both into the river. But they fell close to the bank, and the little waves bore them immediately to land; it was as if the stream would not take what was dearest to her; for in reality it had not got little, Kay; but Gerda thought that she had not thrown the shoes out far enough, so she clambered into a boat which lay among the rushes, went to the farthest end, and threw out the shoes. But the boat was not fastened, and the motion which she occasioned, made it drift from the shore. She observed this, and hastened to get back; but before she could do so, the boat was more than a yard from the land, and was gliding quickly onward.

Da erschrak die kleine Gerda sehr und fing an zu weinen; allein niemand außer den Sperlingen hörte sie, und die konnten sie nicht an das Land tragen. Aber sie flogen längs dem Ufer und sangen, gleichsam um sie zu trösten: "Hier sind wir, hier sind wir!" Das Boot trieb mit dem Strom; die kleine Gerda saß ganz still, nur mit Strümpfen an den Füßen; ihre kleinen roten Schuhe trieben hinter ihr her; aber sie konnten das Boot nicht erreichen, das hatte stärkere Fahrt.

Hübsch war es an beiden Ufern; schöne Blumen, alte Bäume und Hänge mit Schafen und Kühen; aber nicht ein Mensch war zu erblicken.

"Vielleicht trägt mich der Fluß zu dem kleinen Kay," dachte Gerda, und da wurde sie heiterer, erhob sich und betrachtete viele Stunden die grünen, schönen Ufer. Dann gelangte sie zu einem großen Kirschgarten, in welchem ein kleines Haus mit sonderbaren roten und blauen Fenstern war; übrigens hatte es ein Strohdach, und im Garten standen zwei hölzerne Soldaten, die vor der Vorbeisegelnden das Gewehr schulterten.

Gerda rief nach ihnen; sie glaubte, daß sie lebendig seien; aber sie antworteten natürlich nicht. Sie kam ihnen ganz nahe, denn der Fluß trieb das Boot gerade auf das Land zu.

* * *

Little Gerda was very frightened, and began to cry; but no one heard her except the sparrows, and they could not carry her to land; but they flew along the bank, and sang as if to comfort her, "Here we are! Here we are!" The boat drifted with the stream, little Gerda sat quite still without shoes, for they were swimming behind the boat, but she could not reach them, because the boat went much faster than they did.

The banks on both sides were beautiful; lovely flowers, venerable trees, and slopes with sheep and cows, but not a human being was to be seen.

"Perhaps the river will carry me to little Kay," said she; and then she grew less sad. She rose, and looked for many hours at the beautiful green banks. Presently she sailed by a large cherry-orchard, where was a little cottage with curious red and blue windows; it was thatched, and before it two wooden soldiers stood sentry, and presented arms when anyone went past.

Gerda called to them, for she thought they were alive; but they, of course, did not answer. She came close to them, for the stream drifted the boat quite near the land.

Gerda rief noch lauter, und da kam eine alte, alte Frau aus dem Hause, die sich auf einen Krückstock stützte; sie hatte einen großen Sonnenhut auf, und der war mit den schönsten Blumen bemalt.

"Du armes, kleines Kind!" sagte die alte Frau; "wie bist du doch auf den großen, reißenden Strom gekommen und weit in die Welt hinausgetrieben!" Und dann ging die alte Frau ganz in das Wasser hinein, erfaßte mit ihrem Krückstock das Boot, zog es an das Land und hob die kleine Gerda heraus.

Und Gerda war froh, wieder auf das Trockene zu gelangen, obgleich sie sich vor der fremden alten Frau ein wenig fürchtete.

"Komm doch und erzähle mir, wer du bist und wie du hierher kommst!" sagte sie.

Und Gerda erzählte ihr alles; und die Alte schüttelte den Kopf und sagte: "Hm! Hm!" und als ihr Gerda alles gesagt und gefragt hatte ob sie nicht den kleinen Kay gesehen habe, sagte die Frau, daß er nicht vorbeigekommen sei, aber er werde wohl noch kommen. Sie solle nur nicht betrübt sein, sondern ihre Kirschen kosten und ihre Blumen betrachten; die seien schöner als irgendein Bilderbuch; eine jede könne eine Geschichte erzählen, und die alte Frau schloß die Tür zu.

Die Fenster lagen sehr hoch, und die Scheiben waren rot, blau und gelb; das Tageslicht schien mit allen Farben gar sonderbar herein, aber auf dem Tisch standen die schönsten Kirschen, und Gerda aß davon, soviel sie wollte, denn das war ihr erlaubt. Während sie aß, kämmte die alte Frau ihr Haar mit einem goldenen Kamm, und das Haar ringelte sich und glänzte herrlich golden rings um das kleine freundliche Antlitz, welches so rund war und wie eine Rose aussah.

"Nach einem so lieben, kleinen Mädchen habe ich mich schon lange gesehnt," sagte die Alte. "Nun wirst du sehen, wie gut wir miteinander leben werden!" Und so wie sie der kleinen Gerda Haar kämmte, vergaß Gerda mehr und mehr ihren Spielgefährten Kay; denn die alte Frau konnte zaubern; aber eine böse Zauberin war sie nicht. Sie zauberte nur ein wenig zu ihrem Vergnügen und wollte gern die kleine Gerda behalten. Deshalb ging sie in den Garten, steckte ihren Krückstock gegen alle Rosensträucher aus, und wie schön sie auch blühten, so sanken sie doch alle in die schwarze Erde hinunter, und man konnte nicht sehen, wo sie gestanden hatten. Die Alte fürchtete, wenn Gerda die Rosen erblickte, möchte sie an ihre eigenen denken, sich dann des kleinen Kay erinnern und davonlaufen.

Gerda called still louder, and an old woman then came out of the cottage, leaning upon a crooked stick. She had a large broad-brimmed hat on, painted with the most splendid flowers.

"Poor little child!" said the old woman. "How did you get upon the large rapid river, to be driven about so in the wide world!" And then the old woman went into the water, caught hold of the boat with her crooked stick, drew it to the bank, and lifted little Gerda out.

And Gerda was so glad to be on dry land again; but she was rather afraid of the strange old woman.

"But come and tell me who you are, and how you came here," said she.

And Gerda told her all; and the old woman shook her head and said, "A-hem! a-hem!" and when Gerda had told her everything, and asked her if she had not seen little Kay, the woman answered that he had not passed there, but he no doubt would come; and she told her not to be cast down, but taste her cherries, and look at her flowers, which were finer than any in a picture-book, each of which could tell a whole story. She then took Gerda by the hand, led her into the little cottage, and locked the door.

The windows were very high up; the glass was red, blue, and green, and the sunlight shone through quite wondrously in all sorts of colors. On the table stood the most exquisite cherries, and Gerda ate as many as she chose, for she had permission to do so. While she was eating, the old woman combed her hair with a golden comb, and her hair curled and shone with a lovely golden color around that sweet little face, which was so round and so like a rose.

"I have often longed for such a dear little girl," said the old woman. "Now you shall see how well we agree together"; and while she combed little Gerda's hair, the child forgot her foster-brother Kay more and more, for the old woman understood magic; but she was no evil being, she only practised witchcraft a little for her own private amusement, and now she wanted very much to keep little Gerda. She therefore went out in the garden, stretched out.her crooked stick towards the rose-bushes, which, beautifully as they were blowing, all sank into the earth and no one could tell where they had stood. The old woman feared that if Gerda should see the roses, she would then think of her own, would remember little Kay, and run away from her.

Nun führte sie Gerda hinaus in den Blumengarten. Was war da für ein Duft und eine Herrlichkeit! Alle nur denkbaren Blumen, und zwar für jede Jahreszeit, standen hier im prächtigsten Flor; kein Bilderbuch konnte bunter und schöner sein. Gerda sprang vor Freude hochauf und spielte, bis die Sonne hinter den hohen Kirschbäumen unterging, da bekam sie ein schönes Bett mit roten Seidenkissen, die waren mit bunten Veilchen gestopft; und sie schlief und träumte so herrlich wie nur eine Königin an ihrem Hochzeitstag.

Am nächsten Tag konnte sie wieder mit den Blumen im warmen Sonnenschein spielen, und so verflossen viele Tage. Gerda kannte jede Blume; aber wieviel derer auch waren, stets war es ihr doch, als ob eine fehle, allein welche, das wußte sie nicht. Da sitzt sie eines Tages und betrachtet der alten Frau Sonnenhut mit den gemalten Blumen, und gerade die schönste darunter war eine Rose. Die Alte hatte vergessen, diese vom Hut wegzunehmen, als sie die andern in die Erde senkte. Aber so ist es, wenn man die Gedanken nicht immer beisammen hat! "Was, sind hier keine Rosen?" sagte Gerda und sprang zwischen die Beete, suchte und suchte; ach, da war keine zu finden.

* * *

She now led Gerda into the flower-garden. Oh, what odour and what loveliness was there! Every flower that one could think of, and of every season, stood there in fullest bloom; no picture-book could be gayer or more beautiful. Gerda jumped for joy, and played till the sun set behind the tall cherry-tree; she then had a pretty bed, with a red silken coverlet filled with blue violets. She fell asleep, and had as pleasant dreams as ever a queen on her wedding-day.

The next morning she went to play with the flowers in the warm sunshine, and thus passed away a day. Gerda knew every flower; and, numerous as they were, it still seemed to Gerda that one was wanting, though she did not know which. One day while she was looking at the hat of the old woman painted with flowers, the most beautiful of them all seemed to her to be a rose. The old woman had forgotten to take it from her hat when she made the others vanish in the earth. But so it is when one's thoughts are not collected. "What!" said Gerda. "Are there no roses here?" and she ran about amongst the flowerbeds, and looked, and looked, but there was not one to be found.

Nun setzt sie sich hin und weinte, aber ihre Tränen fielen gerade auf eine Stelle, wo ein Rosenstrauch verschwunden war, und als die warmen Tränen die Erde bewässerten, schoß der Strauch auf einmal empor, so blühend, wie er versunken war und Gerde umarmte ihn, küßte die Rosen und gedachte der herrlichen Rosen daheim und mit ihnen auch des kleinen Kay.

"Oh, wie bin ich aufgehalten worden!" sagte das kleine Mädchen. "Ich wollte ja den kleinen Kay suchen! Wißt ihr nicht, wo er ist?" fragte sie die Rosen. "Glaubt ihr, daß er tot ist?"

"Tot ist er nicht," antworteten die Rosen. "Wir sind ja in der Erde gewesen; dort sind alle Toten, aber Kay war nicht da."

"Ich danke euch," sagte die kleine Gerda und ging zu den anderen Blumen hin, sah in deren Kelche hinein und fragte: "Wißt ihr nicht, wo der kleine Kay ist?"

Aber jede Blume stand in der Sonne und träumte ihr eigenes Märchen oder Geschichtchen; davon hörte Gerda so viele, viele; aber keine wußte etwas von Kay.

Und dann lief sie nach dem Ende des Gartens.

Die Tür war verschlossen, aber sie drückte auf die verrostete Klinke, so daß diese abging; die Tür sprang auf, und die kleine Gerda lief barfüßig in die weite Welt hinaus. Sie blickte dreimal zurück, aber niemand war da, der sie verfolgte, zuletzt konnte sie nicht mehr laufen und setzte sich auf einen großen Stein; und als sie sich umsah, war es mit dem Sommer vorbei. Es war Spätherbst; das konnte man in dem schönen Garten gar nicht bemerken, wo immer Sonnenschein und Blumen aller Jahreszeiten waren.

"Gott, wie habe ich mich verspätet!" sagte die kleine Gerda. "Es ist ja Herbst geworden! Da darf ich nicht ruhen!" Und sie erhob sich, um zu gehen.

Oh, wie waren ihre kleinen Füße wund und müde! Ringsumher sah es kalt und rauh aus; die langen Weidenblätter waren ganz gelb, und der Trau tröpfelte als Wasser herab. Ein Blatt fiel nach dem andern ab; nur der Schlehdorn trug noch Früchte, die waren aber herbe und zogen ihr den Mund zusammen. Oh, wie war es grau und schwer in der weiten Welt!

She then sat down and wept; but her hot tears fell just where a rose-bush had sunk; and when her warm tears watered the ground, the tree shot up suddenly as fresh and blooming as when it had been swallowed up. Gerda kissed the roses, thought of her own dear roses at home, and with them of little Kay.

"Oh, how long I have stayed!" said the little girl. "I intended to look for Kay! Don't you know where he is?" she asked of the roses. "Do you think he is dead and gone?"

"Dead he certainly is not," said the Roses. "We have been in the earth where all the dead are, but Kay was not there."

"Many thanks!" said little Gerda; and she went to the other flowers, looked into their cups, and asked, "Don't you know where little Kay is?"

But every flower stood in the sunshine, and dreamed its own fairy tale or its own story: and they all told her very many things, but not one knew anything of Kay.

And then off she ran to the further end of the garden.

The gate was locked, but she shook the rusted bolt till it was loosened, and the gate opened; and little Gerda ran off barefooted into the wide world. She looked round her thrice, but no one followed her. At last she could run no longer; she sat down on a large stone, and when she looked about her, she saw that the summer had passed; it was late in the autumn, but that one could not remark in the beautiful garden, where there was always sunshine, and where there were flowers the whole year round.

"Dear me, how long I have staid!" said Gerda. "Autumn is come. I must not rest any longer." And she got up to go further.

Oh, how tender and wearied her little feet were! All around it looked so cold and raw: the long willow-leaves were quite yellow, and the fog dripped from them like water; one leaf fell after the other: the sloes only stood full of fruit, which set one's teeth on edge. Oh, how dark and comfortless it was in the dreary world!

Vierte Geschichte
Prinz und Prinzessin

Gerda mußte wieder ausruhen; da hüpfte dort auf dem Schnee, der Stelle, wo sie saß, gerade gegenüber, eine große Krähe; die hatte lange ruhig gesessen, sie betrachtet und mit dem Kopf gewackelt. Nun sagte sie: "Kra! Kra – Gu' Tag! Gu' Tag." Besser konnte sie es nicht herausbringen, aber sie meinte es gut mit dem kleinen Mädchen und frage, wohin sie so allein in die weite Welt hinausginge. Das Wort allein verstand Gerda sehr wohl und fühlte recht, wieviel darin liegt; und sie erzählte der Krähe ihr ganzes Leben und Schicksal und fragte, ob sie Kay nicht gesehen habe.

Und die Krähe nickte ganz bedächtig und sagte: "Das könnte sein! Das könnte sein!"

"Wie? Glaubst du?" rief das kleine Mädchen und hätte fast die Krähe tot gedrückt: so küßte sie diese.

"Vernünftig, vernünftig!" sagte die Krähe. "Ich glaube, ich weiß; ich glaube, es kann sein; der kleine Kay – aber nun hat er dich sicher über der Prinzessin vergessen!"

"Wohnt er bei einer Prinzessin?" frage Gerda.

"Ja, höre!" sagte die Krähe. "Aber es fällt mir so schwer, deine Sprache zu reden. Verstehst du die Krähensprache, dann will ich besser erzählen."

* * *

Fourth Story
The Prince and Princess

Gerda was obliged to rest herself again, when, exactly opposite to her, a large Raven came hopping over the white snow. He had long been looking at Gerda and shaking his head; and now he said, "Caw! Caw!" Good day! Good day! He could not say it better; but he felt a sympathy for the little girl, and asked her where she was going all alone. The word "alone" Gerda understood quite well, and felt how much was expressed by it; so she told the Raven her whole history, and asked if he had not seen Kay.

The Raven nodded very gravely, and said, "It may be – it may be!"

"What, do you really think so?" cried the little girl; and she nearly squeezed the Raven to death, so much did she kiss him.

"Gently, gently," said the Raven. "I think I know; I think that it may be little Kay. But now he has forgotten you for the Princess."

"Does he live with a Princess?" asked Gerda.

"Yes – listen," said the Raven; "but it will be difficult for me to speak your language. If you understand the Raven language I can tell you better."

"Nein, die habe ich nicht gelernt," sagte Gerda; "aber die Großmutter verstand sie, und auch sprechen konnte sie diese Sprache. Hätte ich sie nur gelernt!"

"Tut gar nichts!" sagte die Krähe. "Ich werde erzählen, so gut ich kann; aber schlecht wird es gehen"; und dann erzählte sie, was sie wußte.

"In diesem Königreich, in welchem wir jetzt sitzen, wohnt eine Prinzessin, die ist ganz unbändig klug; aber sie hat auch alle Zeitungen, die es in der Welt gibt, gelesen und wieder vergessen, so klug ist sie. Neulich saß sie auf dem Thron, und das ist doch nicht so angenehm, sagt man; da fängt sie an, ein Lied zu singen, und das war gerade dieses: 'Weshalb sollt' ich wohl heiraten!' 'Höre, da ist etwas daran', sagte sie, und so wollte sie sich verheiraten; aber sie wollte einen Mann haben, der zu antworten verstehe, wenn man mit ihm spräche; einen, der nicht bloß dastände und vornehm aussähe, denn das sei zu langweilig. Nun ließ sie alle Hofdamen zusammentrommeln, und als diese hörten, was sie wollte, wurden sie sehr vergnügt. 'Das mag ich leiden!' sagten sie; 'daran dachte ich neulich auch!'

Du kannst glauben, daß jedes Wort, was ich sage, wahr ist!" sagte die Krähe. "Ich habe eine zahme Geliebte, die geht frei im Schlosse umher, und die hat mir alles erzählt!" Die Geliebte war natürlicherweise auch eine Krähe. Denn eine Krähe sucht die andere, und es bleibt immer eine Krähe.

"Die Zeitungen kamen sogleich mit einem Rand von Herzen und der Prinzessin Namenszug heraus; man konnte darin lesen, daß es einem jeden jungen Manne, der gut aussehe, freistehe, auf das Schloß zu kommen und mit der Prinzessin zu sprechen, und derjenige, welcher am besten und so spräche, daß man hören könne, er sei in dem, was er spräche, zu Hause, den wolle die Prinzessin zum Manne nehmen."

"Ja, Ja," sprach die Krähe, "du kannst es mir glauben, es ist so gewiß wahr, wie ich hier sitze. Junge Männer strömten herzu; es war ein Gedränge und ein Gelaufe; aber es glückte keinem, weder am ersten nach am zweiten Tag. Sie konnten alle gut sprechen, wenn sie draußen auf der Straße waren, aber wenn sie in das Schloßtor traten und dort die Gardisten in Silber sahen und auf den Treppen die Lakaien in Gold und die großen erleuchteten Säle, dann wurden sie verwirrt. Und standen sie gar vor dem Throne, wo die Prinzessin saß, dann wußten sie nichts zu sagen als das letzte Wort, das die gesprochen hatte; und das noch einmal zu hören, dazu hatte sie keine Lust. Es war gerade, als ob sie drinnen Schnupftabak auf den Magen bekommen hätten und in den Schlaf gefallen wären, bis sie wieder auf die Straße kamen, denn dann konnten sie sprechen. Da stand eine Reihe vom Stadttor bis zum Schlosse hin. Ich war selbst drinnen, um es zu sehen!" sage die Krähe. "Sie wurden hungrig und durstig, aber auf dem Schloß erhielten sie nicht einmal ein Glas laues Wasser. Zwar hatten einige der Klügsten, Butterbrot mitgebracht, aber sie teilten nicht mir ihrem Nachbarn; sie dachten so: laß ihn nur hungrig aussehen, dann nimmt ihn die Prinzessin nicht!"

"No, I have not learnt it," said Gerda; "but my grandmother understands it, and she can speak gibberish too. I wish I had learnt it."

"No matter," said the Raven; "I will tell you as well as I can; however, it will be bad enough." And then he told all he knew.

In the kingdom where we now are there lives a Princess, who is extraordinarily clever; for she has read all the newspapers in the whole world, and has forgotten them again – so clever is she. She was lately, it is said, sitting on her throne – which is not very amusing after all – when she began humming an old tune, and it was just, 'Oh, why should I not be married?' 'That song is not without its meaning,' said she, and so then she was determined to marry; but she would have a husband who knew how to give an answer when he was spoken to – not one who looked only as if he were a great personage, for that is so tiresome. She then had all the ladies of the court drummed together; and when they heard her intention, all were very pleased, and said, 'We are very glad to hear it; it is the very thing we were thinking of.' You may believe every word I say, said the Raven; for I have a tame sweetheart that hops about in the palace quite free, and it was she who told me all this.

The newspapers appeared forthwith with a border of hearts and the initials of the Princess; and therein you might read that every good-looking young man was at liberty to come to the palace and speak to the Princess; and he who spoke in such wise as showed he felt himself at home there, that one the Princess would choose for her husband.

"Yes, Yes," said the Raven, "you may believe it; it is as true as I am sitting here. People came in crowds; there was a crush and a hurry, but no one was successful either on the first or second day. They could all talk well enough when they were out in the street; but as soon as they came inside the palace gates, and saw the guard richly dressed in silver, and the lackeys in gold on the staircase, and the large illuminated saloons, then they were abashed; and when they stood before the throne on which the Princess was sitting, all they could do was to repeat the last word they had uttered, and to hear it again did not interest her very much. It was just as if the people within were under a charm, and had fallen into a trance till they came out again into the street; for then – oh, then – they could chatter enough. There was a whole row of them standing from the town-gates to the palace. I was there myself to look," said the Raven. "They grew hungry and thirsty; but from the palace they got nothing whatever, not even a glass of water. Some of the cleverest, it is true, had taken bread and butter with them: but none shared it with his neighbor, for each thought, 'Let him look hungry, and then the Princess won't have him'."

"Aber Kay, der kleine Kay!" fragte Gerda. "Wann kam der? War er unter der Menge?"

"Warte! warte! jetzt sind wir gerade bei ihm! Es war am dritten Tag, da kam eine kleine Person, ohne Pferd oder Wagen, ganz fröhlich gerade auf das Schloß zumarschiert; seine Augen glänzten wie deine; er hatte schöne lange Haare, aber sonst ärmliche Kleider."

"Das war Kay!" jubelte Gerda. "Oh, dann habe ich ihn gefunden!" und sie klatschte in die Hände.

"Er hatte ein kleines Ränzel auf dem Rücken!" sagte die Krähe. "Nein, das war sicher sein Schlitten!" sagte Gerda; "denn mit dem Schlitten ging er fort!"

"Das kann wohl sein," sagte die Krähe, "ich sah nicht so genau danach! Aber das weiß ich von meiner zahmen Geliebten; als er in das Schloßtor kam und die Leibgardisten in Silber sah und auf den Treppen die Lakaien in Gold, daß er nicht im mindesten verlegen wurde; er nickte und sagte zu ihnen: 'es muß langweilig sein, auf der Treppe zu stehen; ich gehe lieber hinein!'. Da glänzten die Säle von Lichtern; Geheimräte und Exzellenzen gingen mit bloßen Füßen und trugen Goldgefäße; man konnte wohl andächtig werden! Seine Stiefel knarrten gar gewaltig laut, aber ihm wurde doch nicht bange."

"Das ist ganz gewiß Kay!" sagte Gerda. "Ich weiß, er hatte neue Stiefel an, ich habe sie in der Großmutter Stube knarren hören!"

"Ja, freilich knarrten sie!" sagte die Krähe. "Und frischen Muts ging er gerade zur Prinzessin hinein, die auf einer großen Perle saß, welche so groß wie ein Spinnrad war; und alle Hofdamen mit ihren Jungfern und den Jungfern der Jungfern und alle Kavaliere mit ihren Dienern und den Dienern der Diener, die wieder einen Burschen hielten, standen ringsherum aufgestellt; und je näher sie der Türe standen, desto stolzer sahen sie aus. Des Dieners Diener Burschen, der immer in Pantoffeln geht, darf man kaum anzusehen wagen; so stolz steht er an der Tür!"

"Das muß greulich sein!" sagte die kleine Gerda. "Und Kay hat doch die Prinzessin erhalten?"

"Wäre ich nicht eine Krähe gewesen, so hätte ich sie genommen, und das ungeachtet ich verlobt bin. Er soll ebenso gut gesprochen haben, wie ich spreche, wenn ich die Krähensprache rede; das habe ich von meiner zahmen Geliebten gehört. Er war fröhlich und niedlich, Er war nicht gekommen zum Freien, sondern nur, um der Prinzessin Klugheit zu hören; und die fand er gut, und sie fand ihn wieder gut."

"Ja, sicher! das war Kay!" sagte Gerda. "Er war so klug; er konnte die Kopfrechnung mit Brüchen! Oh, willst du mich nicht auf dem Schloß einführen?"

"Ja, das ist leicht gesagt!" antwortete die Krähe. "Aber wie machen wir das? Ich werde es mit meiner zahmen Geliebten besprechen; sie kann uns wohl Rat erteilen; denn das muß ich dir sagen: so ein kleines Mädchen, wie du bist, bekommt nie die Erlaubnis, ganz hinein zu kommen!"

"But Kay – little Kay," said Gerda, "when did he come? Was he among the number?"

"Patience, patience; we are just come to him. It was on the third day when a little personage without horse or equipage, came marching right boldly up to the palace; his eyes shone like yours, he had beautiful long hair, but his clothes were very shabby."

"That was Kay," cried Gerda, with a voice of delight. "Oh, now I've found him!" and she clapped her hands for joy.

"He had a little knapsack at his back," said the Raven.

"No, that was certainly his sledge," said Gerda; "for when he went away he took his sledge with him."

"That may be," said the Raven; "I did not examine him so minutely; but I know from my tame sweetheart, that when he came into the court-yard of the palace, and saw the body-guard in silver, the lackeys on the staircase, he was not the least abashed; he nodded, and said to them, 'It must be very tiresome to stand on the stairs; for my part, I shall go in.' The saloons were gleaming with lustres – privy councillors and excellencies were walking about barefooted, and wore gold keys; it was enough to make any one feel uncomfortable. His boots creaked, too, so loudly, but still he was not at all afraid."

"That's Kay for certain," said Gerda. "I know he had on new boots; I have heard them creaking in grandmama's room."

"Yes, they creaked," said the Raven. "And on he went boldly up to the Princess, who was sitting on a pearl as large as a spinning-wheel. All the ladies of the court, with their attendants and attendants' attendants, and all the cavaliers, with their gentlemen and gentlemen's gentlemen, stood round; and the nearer they stood to the door, the prouder they looked. It was hardly possible to look at the gentleman's gentleman, so very haughtily did he stand in the doorway."

"It must have been terrible," said little Gerda. "And did Kay get the Princess?"

"Were I not a Raven, I should have taken the Princess myself, although I am promised. It is said he spoke as well as I speak when I talk Raven language; this I learned from my tame sweetheart. He was bold and nicely behaved; he had not come to woo the Princess, but only to hear her wisdom. She pleased him, and he pleased her."

"Yes, yes; for certain that was Kay," said Gerda. "He was so clever; he could reckon fractions in his head. Oh, won't you take me to the palace?"

"That is very easily said," answered the Raven. "But how are we to manage it? I'll speak to my tame sweetheart about it: she must advise us; for so much I must tell you, such a little girl as you are will never get permission to enter."

"Ja, die erhalten ich!" sagte Gerda. "Wenn Kay hört, daß ich da bin, kommt er gleich heraus und holt mich!"

"Erwarte mich dort am Gitter!" sagte die Krähe, wackelte mit dem Kopfe und flog davon.

Erst als es spät am Abend war, kehrte die Krähe wieder zurück. "Rar! Rar!" sagte sie. "Ich soll dich vielmal von ihr grüßen, und hier ist ein kleines Brot für dich, daß nahm sie aus der Küche; dort ist Brot genug, und du bist sicher hungrig. Es ist nicht möglich, daß du in das Schloß hineinkommen kannst: du bist ja barfuß. Die Gardisten in Silber und Lakaien in Gold würden es nicht erlauben. Aber weine nicht! Du sollst schon hinaufkommen. Meine Geliebte kennt eine kleine Hintertreppe, die zum Schlafgemach führt, und sie weiß, wo sie den Schlüssel erhalten kann."

Und die gingen in den Garten hinein, in die große Allee, wo ein Blatt nach dem anderen abfiel; und als auf dem Schloß die Lichter ausgelöscht wurden, das eine nach dem andern, führte die Krähe die kleine Gerda zu einer Hintertür, die nur angelehnt war.

Oh, wie Gerdas Herz vor Angst und Sehnsucht pochte!

Es war gerade, als ob sie etwas Böses tun wollte; und sie wollte ja doch nur wissen, ob es der kleine Kay sei. Ja, er mußte es sein; sie gedachte so lebendig seiner klugen Augen, seines langen Haares; sie konnte ordentlich sehen, wie er lächelte, wie damals, als sie daheim unter den Rosen saßen. Er würde sicher froh werden, sie zu erblicken; zu hören, welchen langen Weg sie um seinetwillen zurückgelegt; zu wissen, wie betrübt sie alle daheim gewesen, als er nicht wiedergekommen. Oh, das war eine Furcht und eine Freude!

Nun waren sie auf der Treppe; da brannte eine kleine Lampe auf einem Schrank; mitten auf dem Fußboden stand die zahme Krähe; "Ihre Vita, wie man es nennt, ist auch sehr rührend. Wollen Sie die Lampe nehmen, dann werde ich vorausgehen. Wir gehen hier den geraden Weg, denn da begegnen wir niemandem."

"Es ist mir, als ginge jemand hinter uns," sagte Gerda: und es sauste an ihr vorbei. Es war wie Schatten an der Wand: Pferde mit fliegenden Mähnen und dünnen Beinen, Jägerburschen, Herren und Damen zu Pferde.

"Das sind nur Träume," sagte die Krähe; "die kommen und holen der hohen Herrschaft Gedanken zur Jagd. Das ist recht gut, dann können Sie sie besser im Bette betrachten. Aber ich hoffe, wenn Sie zu Ehren und Würden gelangen, werden Sie ein dankbares Herz zeigen."

"Das versteht sich von selbst!" sagte die Krähe vom Walde.

"Oh, yes I shall," said Gerda; "when Kay hears that I am here, he will come out directly to fetch me."

"Wait for me here on these steps," said the Raven.He moved his head backwards and forwards and flew away.

The evening was closing in when the Raven returned. "Caw –caw!" said he. "She sends you her compliments; and here is a roll for you. She took it out of the kitchen, where there is bread enough. You are hungry, no doubt. It is not possible for you to enter the palace, for you are barefooted: the guards in silver, and the lackeys in gold, would not allow it; but do not cry, you shall come in still. My sweetheart knows a little back stair that leads to the bedchamber, and she knows where she can get the key of it."

And they went into the garden in the large avenue, where one leaf was falling after the other; and when the lights in the palace had all gradually disappeared, the Raven led little Gerda to the back door, which stood half open.

Oh, how Gerda's heart beat with anxiety and longing! It was just as if she had been about to do something wrong; and yet she only wanted to know if little Kay was there. Yes, he must be there. She called to mind his intelligent eyes, and his long hair, so vividly, she could quite see him as he used to laugh when they were sitting under the roses at home. "He will, no doubt, be glad to see you – to hear what a long way you have come for his sake; to know how unhappy all at home were when he did not come back."

Oh, what a fright and a joy it was!

They were now on the stairs. A single lamp was burning there; and on the floor stood the tame Raven, turning her head on every side and looking at Gerda, who bowed as her grandmother had taught her to do.

"My intended has told me so much good of you, my dear young lady," said the tame Raven. "Your tale is very affecting. If you will take the lamp, I will go before. We will go straight on, for we shall meet no one."

"I think there is somebody just behind us," said Gerda; and something rushed past: it was like shadowy figures on the wall; horses with flowing manes and thin legs, huntsmen, ladies and gentlemen on horseback.

"They are only dreams," said the Raven. "They come to fetch the thoughts of the high personages to the chase; 'tis well, for now you can observe them in bed all the better. But let me find, when you enjoy honor and distinction, that you possess a grateful heart."

"Tut! That's not worth talking about," said the Raven of the woods.

Nun kamen sie in den ersten Saal; der war von rosenrotem Atlas mit künstlichen Blumen an den Wänden hinauf; hier sausten an ihnen schon die Träume vorbei; aber sie fuhren so schnell, daß Gerda die hohen Herrschaften nicht zu sehen bekam. Ein Saal war immer prächtiger als der andere; ja man konnte verdutzt werden. Nun waren sie im Schlafgemach. Hier glich die Decke einer großen Palme mit Blättern von Glas, von kostbarem Glase; und mitten auf dem Fußboden hingen an einem dicken Stengel von Gold zwei Betten, von denen jedes wie eine Lilie aussah; die eine war weiß, in der lag die Prinzessin; die andere war rot, und in dieser sollte Gerda den kleinen Kay suchen. Sie bog eines der roten Blätter zur Seite, und da sah sie einen braunen Nacken. Oh, das war Kay! Sie rief ganz lauf seinen Namen, hielt die Lampe nach ihm hin – die Träume sausten zu Pferde wieder in die Stube herein – er erwachte, drehte den Kopf und und – es war nicht der kleine Kay.

Der Prinz glich ihm nur im Nacken; aber jung und Hübsch war er. Und aus dem weißen Lilienblatt blinzelte die Prinzessin hervor und frage, wer da sei. Da weinte die kleine Gerda und erzählte ihre ganze Geschichte und alles, was die Krähen für sie getan hätten.

"Du armes Kind!" sprach der Prinz und die Prinzessin; und sie belobten die Krähen und sagten, daß sie gar nicht böse auf sie seien; aber sie sollten es doch nicht öfters tun. Übrigens sollten sie eine Belohnung erhalten.

* * *

They now entered the first saloon, which was of rose-colored satin, with artificial flowers on the wall. Here the dreams were rushing past, but they hastened by so quickly that Gerda could not see the high personages. One hall was more magnificent than the other; one might indeed well be abashed; and at last they came into the bedchamber. The ceiling of the room resembled a large palm-tree with leaves of glass, of costly glass; and in the middle, from a thick golden stem, hung two beds, each of which resembled a lily. One was white, and in this lay the Princess; the other was red, and it was here that Gerda was to look for little Kay. She bent back one of the red leaves, and saw a brown neck. Oh! that was Kay! She called him quite loud by name, held the lamp towards him – the dreams rushed back again into the chamber – he awoke, turned his head, and – it was not little Kay!

The Prince was only like him about the neck; but he was young and handsome. And out of the white lily leaves the Princess peeped, too, and asked what was the matter. Then little Gerda cried, and told her her whole history, and all that the Ravens had done for her.

"Poor little thing!" said the Prince and the Princess. They praised the Ravens very much, and told them they were not at all angry with them, but they were not to do so again.

"Wollt ihr frei fliegen?" fragte die Prinzessin. "Oder wollt ihr feste Anstellung als Hofkrähen haben, mit allem, was in der Küche abfällt?" Und beide Krähen verneigten sich und baten um feste Anstellung, denn sie gedachten des Alters und sagten: "Es wäre gar schön, etwas für die alten Tage zu haben," wie sie es nannten.

Und der Prinz stand aus seinem Bette auf und ließ Gerda darin schlafen, doch mehr konnte er nicht tun. Sie faltete ihre kleinen Hände und dachte: "Wie gut sind die Menschen und die Tiere!" Und dann schloß sie ihre Augen und schlief so sanft. Alle Träume kamen wieder hereingeflogen, und da sahen sie wie Gottes Engel aus, und sie zogen einen kleinen Schlitten, auf welchem Kay saß und nickte; aber das Ganze war nur Traum, und deshalb war es auch wieder fort, sobald sie erwachte.

Am folgenden Tag wurde sie von Kopf bis Fuß in Seide und Samt gekleidet; es wurde ihr angeboten, auf dem Schloß zu bleiben und gute Tage zu genießen; aber sie bat nur um einen kleinen Wagen mit einem Pferd davor und um ein Paar kleine Stiefel; dann wolle sie wieder in die weite Welt hinausfahren und Kay suchen.

Und sie erhielt sowohl Stiefel als auch einen Muff; sie wurde niedlich gekleidet, und als sie fort wollte, hielt vor der Tür eine neue Kutsche aus reinem Gold; des Prinzen und der Prinzessin Wappen glänzte an derselben wie ein Stern; Kutscher, Diener und Vorreiter, denn es waren auch Vorreiter da, saßen mit Goldkronen auf dem Kopf zu Pferde. Der Prinz und die Prinzessin selbst halfen ihr in den Wagen und wünschten ihr alles Glück. Die Waldkrähe, welche nun verheiratet war, begleitete sie die ersten drei Meilen; sie saß ihr zur Seite, denn sie konnte nicht vertragen, rückwärts zu fahren. Die andere Krähe stand in der Tür und schlug mit den Flügeln; sie kam nicht mit, denn sie litt an Kopfschmerzen, seitdem sie eine feste Anstellung und zuviel zu essen erhalten hatte. Inwendig war die Kutsche mit Zucker-brezeln gefüttert, und im Sitz waren Früchte und Pfeffernüsse.

"Lebe wohl! Lebe wohl!" riefen der Prinz und die Prinzessin; und die kleine Gerda weinte, und die Krähe weinte. So ging es die ersten Meilen; da sagte auch die Krähe Lebe-wohl, und das war der schwerste Abschied; sie flog auf einen Baum und schlug mit ihren schwarzen Flügeln, so lange sie den Wagen, welcher wie der helle Sonnenschein glänzte, erblicken konnte.

However, they should have a reward. "Will you fly about here at liberty," asked the Princess; "or would you like to have a fixed appointment as court ravens, with all the broken bits from the kitchen?"

And both the Ravens nodded, and begged for a fixed appointment; for they thought of their old age, and said, "It is a good thing to have a provision for our old days."

And the Prince got up and let Gerda sleep in his bed, and more than this he could not do. She folded her little hands and thought, "How good men and animals are!" and she then fell asleep and slept soundly. All the dreams flew in again, and they now looked like the angels; they drew a little sledge, in which little Kay sat and nodded his head; but the whole was only a dream, and therefore it all vanished as soon as she awoke.

The next day she was dressed from head to foot in silk and velvet. They offered to let her stay at the palace, and lead a happy life; but she begged to have a little carriage with a horse in front, and for a small pair of shoes; then, she said, she would again go forth in the wide world and look for Kay.

Shoes and a muff were given her; she was, too, dressed very nicely; and when she was about to set off, a new carriage stopped before the door. It was of pure gold, and the arms of the Prince and Princess shone like a star upon it; the coachman, the footmen, and the outriders, for outriders were there, too, all wore golden crowns. The Prince and the Princess assisted her into the carriage themselves, and wished her all success. The Raven of the woods, who was now married, accompanied her for the first three miles. He sat beside Gerda, for he could not bear riding backwards; the other Raven stood in the doorway,and flapped her wings; she could not accompany Gerda, because she suffered from headache since she had had a fixed appointment and ate so much. The carriage was lined inside with sugar-plums, and in the seats were fruits and gingerbread.

"Farewell! Farewell!" cried Prince and Princess; and Gerda wept, and the Raven wept. Thus passed the first miles; and then the Raven bade her farewell, and this was the most painful separation of all. He flew into a tree, and beat his black wings as long as he could see the carriage, that shone from afar like a sunbeam.

Fünfte Geschichte
Das kleine Räubermädchen

Sie fuhren durch den dunklen Wald, aber die Kutsche leuchtete wie eine Fackel; das stach den Räubern in die Augen, das konnten sie nicht ertragen. "Das ist Gold, das ist Gold!" riefen sie, stürzten hervor, hielten die Pferde an, schlugen die kleinen Vorreiter, den Kutscher und die Diener tot und zogen dann die kleine Gerda aus dem Wagen.

"Sie ist fett, sie ist niedlich, sie ist mit Mußkernen gefüttert!" sagte das alte Räuberweib, das einen langen struppigen Bart und Augenbrauen hatte, die ihm über die Augen herabhingen.

"Die ist so gut wie ein kleines fettes Lamm; wie wird die schmecken!" Und dann zog es sein blankes Messer heraus, und das glänzte, daß es gräßlich war.

"Au!" sagte das Weib zu gleicher Zeit; es wurde von der eigenen Tochter, die auf dessen Rücken hing, so wild und unartig in das Ohr gebissen, daß es eine Lust war. "Du häßlicher Balg!" sagte die Mutter und hatte nicht Zeit, Gerda zu schlachten.

* * *

Fifth Story
The Little Robber Maiden

They drove through the dark wood; but the carriage shone like a torch, and it dazzled the eyes of the robbers, so that they could not bear to look at it.

"'Tis gold! 'Tis gold!" they cried; and they rushed forward, seized the horses, knocked down the little postilion, the coachman, and the servants, and pulled little Gerda out of the carriage.

"How plump, how beautiful she is! She must have been fed on nut-kernels," said the old female robber, who had a long, scrubby beard, and bushy eyebrows that hung down over her eyes. "She is as good as a fatted lamb! How nice she will be!" And then she drew out a knife, the blade of which shone so that it was quite dreadful to behold.

"Oh!" cried the woman at the same moment. She had been bitten in the ear by her own little daughter, who hung at her back; and who was so wild and unmanageable, that it was quite amusing to see her. "You naughty child!" said the mother: and now she had not time to kill Gerda.

"Sie soll mit mir spielen!" sagte das kleine Räubermädchen. "Sie soll mir ihren Muff, ihr hübsches Kleid geben, bei mir in meinem Bette schlafen!" Und dann bis sie wieder, daß das Räuberweib in die Höhe sprang und sich ringsherum drehte. Und alle Räuber lachten und sagten: "Seht, wie es mit seinem Kalbe tanzt!"

"Ich will in den Wagen hinein," sagte das kleine Räubermädchen. Und es mußte und wollte seinen Willen haben, denn es war ganz verzogen und sehr hartnäckig! Es saß mit Gerda drinnen, und so fuhren sie über Stock und Stein immer tiefer in den Wald. Das kleine Räubermädchen war so groß wie Gerda, aber stärker, breitschultriger und von dunkler Haut; die Augen waren ganz schwarz; sie sahen fast traurig aus. Sie faßte die kleine Gerda um den Leib und sagte: "Sie sollen dich nicht schlachten, so lange ich dir nicht böse werde. Du bist wohl eine Prinzessin?"

"Nein," sagte Gerda und erzählte ihr alles, was sie erlebt hatte und wie sehr sie den kleinen Kay lieb hätte.

Das Räubermädchen betrachtete sie ganz ernsthaft, nickte ein wenig mit dem Kopf und sagte: "Sie sollen dich nicht schlachten, selbst wenn ich dir böse werde; dann werde ich es schon selber tun!" Und dann trocknete sie Gerdas Augen und steckte ihre beiden Hände in den schönen Muff, der gar weich und warm war.

Nun hielt die Kutsche still; sie waren mitten auf dem Hof eines Räuberschlosses. Dasselbe war von oben bis unten geborsten; Raben und Krähen flogen aus den offenen Löchern, und die großen Bullenbeißer, von denen jeder aussah, als könnte er einen Menschen verschlingen, sprangen hoch empor aber sie bellten nicht, denn es war verboten.

In dem großen, alten, verräucherten Saal brannte mitten auf dem steinernen Fußboden ein helles Feuer; der Rauch zog unter der Decke hin und mußte sich selbst den Ausweg suchen; ein großer Braukessel mit Suppe kochte, und Hasen wie Kaninchen wurden an Spießen gebraten.

"Du sollst die Nacht mit mir bei allen meinen kleinen Tiefen schlafen," sagte das Räubermädchen. Sie bekamen zu essen und zu trinken und gingen dann in eine Ecke, wo Stroh und Teppiche lagen. Darüber saßen auf Latten und Stäben mehr als hundert Tauben, die alle zu schlafen schienen, sich aber doch ein wenig drehten, als die beiden kleinen Mädchen kamen.

"Die gehören alle mir!" sagte das kleine Räubermädchen und ergriff rasch eine der nächsten, hielt sie bei den Füßen und schüttelte sie, daß sie mit den Flügeln schlug. "Küsse sie!" rief sie und schlug sie Gerda ins Gesicht. "Da sitzen die Waldkanaillen," fuhr es fort und zeigte hinter eine Anzahl Stäbe, die vor einem Loch oben in die Mauer eingeschlagen waren. "Das sind Waldkanaillen, die beiden; die fliegen gleich fort, wenn man sie nicht ordentlich verschlossen halt.

"She shall play with me," said the little robber child. "She shall give me her muff, and her pretty frock; she shall sleep in my bed!" And then she gave her mother another bite, so that she jumped, and ran round with the pain; and the Robbers laughed, and said, "Look, how she is dancing with the little one!"

"I will go into the carriage," said the little robber maiden; and she would have her will, for she was very spoiled and very headstrong. She and Gerda got in; and then away they drove over the stumps of felled trees, deeper and deeper into the woods. The little robber maiden was as tall as Gerda, but stronger, broader-shouldered, and of dark complexion; her eyes were quite black; they looked almost melancholy. She embraced little Gerda, and said, "They shall not kill you as long as I am not displeased with you. You are, doubtless, a Princess?"

"No," said little Gerda; who then related all that had happened to her, and how much she cared about little Kay.

The little robber maiden looked at her with a serious air, nodded her head slightly, and said, "They shall not kill you, even if I am angry with you: then I will do it myself"; and she dried Gerda's eyes, and put both her hands in the handsome muff, which was so soft and warm.

At length the carriage stopped. They were in the midst of the court-yard of a robber's castle. It was full of cracks from top to bottom; and out of the openings magpies and rooks were flying; and the great bull-dogs, each of which looked as if he could swallow a man, jumped up, but they did not bark, for that was forbidden.

In the midst of the large, old, smoking hall burnt a great fire on the stone floor. The smoke disappeared under the stones, and had to seek its own egress. In an immense caldron soup was boiling; and rabbits and hares were being roasted on a spit.

"You shall sleep with me to-night, with all my animals," said the little robber maiden. They had something to eat and drink; and then went into a corner, where straw and carpets were lying. Beside them, on laths and perches, sat nearly a hundred pigeons, all asleep, seemingly; but yet they moved a little when the robber maiden came. "They are all mine," said she, at the same time seizing one that was next to her by the legs and shaking it so that its wings fluttered. "Kiss it," cried the little girl, and flung the pigeon in Gerda's face. "Up there is the rabble of the wood," continued she, pointing to several laths which were fastened before a hole high up in the wall; "that's the rabble; they would all fly away immediately, if they were not well fastened in.

Und hier steht mein alter liebster Ba!" Und sie zog ein Rentier am Horn vor, welches einen blanken kupfernen Ring um den Hals trug und angebunden war. "Den müssen wir auch in der Klemme halten, sonst springt er von uns fort. An jedem Abend kitzele ich ihn mit meinem scharfen Messer am Halse, davor furchtet er sich sehr!" Und das kleine Mädchen zog ein langes Messer aus einer Spalte in der Mauer und ließ es über des Renntiers Hals hingleiten; das arme Tier schlug mit den Beinen aus, das kleine Räubermädchen lachte und zog dann Gerda mit in das Bett hinein.

"Willst du das Messer bei dir behalten, wenn du schläfst?" frage Gerda und blickte es etwas furchtsam an.

"Ich schlafe immer mit dem Messer!" sagte das kleine Räubermädchen. "Man weiß nie, was vorfallen kann. Aber fahre nun fort mit dem, was du mir vorhin von dem kleinen Kay erzähltest und weshalb du in die weite Welt hinausgegangen bist." Und Gerda erzählte wieder von vorn. Da sagten die Waldtauben: "Kurre! Kurre! wir haben den kleinen Kay gesehen. Ein weißes Huhn trug seinen Schlitten; er saß im Wagen der Schneekönigin, welcher dicht über den Wald hinfuhr, als wir im Nest lagen; sie blies auf uns Junge, und außer uns beiden starben alle. Kurre! Kurre!"

"Was sagt ihr da oben?" rief Gerda. "Wohin reiste die Schneekönigin? Wißt ihr etwas davon?"

"Sie reiste wahrscheinlich nach Lappland, denn dort ist immer Schnee und Eis! Frage das Rentier, welches am Strick angebunden steht."

"Dort ist Eis und Schnee, dort ist es herrlich und gut!" sagte das Rentier. "Dort springt man frei umher in den großen glänzenden Tälern! Dort hat die Schneekönigin ihr Sommerzelt; aber ihr festes Schloß ist oben, gegen den Nordpol zu, auf der Insel, die Spitzbergen genannt wird!"

"O Kay, kleiner Kay!" seufzte Gerda. "Du mußt still liegen!" sagte das Räubermädchen; "Sonst stoße ich dir das Messer in den Leib!"

Am Morgen erzählte Gerda ihr alles, was die Waldtauben gesagt hatten und das kleine Räubermädchen sah ganz ernsthaft aus, nickte aber mit dem Kopfe und sagte: "Das ist einerlei! Das ist einerlei! Weißt du, wo Lappland ist?" fragte sie das Rentier. "Wer könnte es wohl besser wissen als ich?" sagte das Tier, und die Augen funkelten ihm im Kopfe. "Dort bin ich geboren und erzogen; dort bin ich auf den Schneefeldern herumgesprungen!"

"Höre!" sagte das Räubermädchen zu Gerda; "du siehst, alle unsere Mannsleute sind fort, nur die Mutter ist noch hier, und die bleibt; aber gegen Mittag trinkt sie aus der großen Flasche und schlummert nachher ein wenig darauf; dann werde ich etwas für dich tun!" Nun sprang sie aus dem Bett, fuhr der Mutter um den Hals, zupfte sie am Bart und sagte: "Mein einzig lieber Ziegenbock, guten Morgen!" Und die Mutter gab ihr Nasenstüber, daß die Nase rot und blau wurde; und das geschah alles aus lauter Liebe.

And here is my dear old Bac"; and she laid hold of the horns of a reindeer, that had a bright copper ring round its neck, and was tethered to the spot. "We are obliged to lock this fellow in too, or he would make his escape. Every evening I tickle his neck with my sharp knife; he is so frightened at it!" and the little girl drew forth a long knife, from a crack in the wall, and let it glide over the Reindeer's neck. The poor animal kicked; the girl laughed, and pulled Gerda into bed with her.

"Do you intend to keep your knife while you sleep?" asked Gerda; looking at it rather fearfully.

"I always sleep with the knife," said the little robber maiden. "There is no knowing what may happen. But tell me now, once more, all about little Kay; and why you have started off in the wide world alone." And Gerda related all, from the very beginning.

Then the Wood-pigeons said, "Coo! Cool We have seen little Kay! A white hen carries his sledge; he himself sat in the carriage of the Snow Queen, who passed here, down just over the wood, as we lay in our nest. She blew upon us young ones; and all died except we two. Coo! Coo!"

"What is that you say up there?" cried little Gerda. "Where did the Snow Queen go to? Do you know anything about it?"

"She is no doubt gone to Lapland; for there is always snow and ice there. Only ask the Reindeer, who is tethered there."

"Ice and snow is there! There it is, glorious and beautiful!" said the Reindeer. "One can spring about in the large shining valleys! The Snow Queen has her summer-tent there; but her fixed abode is high up towards the North Pole, on the Island called Spitzbergen."

"Oh, Kay! Poor little Kay!" sighed Gerda.

"Do you choose to be quiet?" said the robber maiden. "If you don't, I shall make you."

In the morning Gerda told her all that the Wood-pigeons had said; and the little maiden looked very serious, but she nodded her head, and said, "That's no matter-that's no matter. Do you know where Lapland lies!" she asked of the Reindeer.

"Who should know better than I?" said the animal; and his eyes rolled in his head. "I was born and bred there – there I leapt about on the fields of snow."

"Listen," said the robber maiden to Gerda. "You see that the men are gone; but my mother is still here, and will remain. However, towards morning she takes a draught out of the large flask, and then she sleeps a little: then I will do something for you." She now jumped out of bed, flew to her mother; with her arms round her neck, and pulling her by the beard, said, "Good morrow, my own sweet nanny-goat of a mother." And her mother took hold of her nose, and pinched it till it was red and blue; but this was all done out of pure love.

Als die Mutter dann aus ihrer Flasche getrunken hatte und darauf einschlief, ging das Räubermädchen zum Rentier hin und sagte: " Ich könnte große Freude daran haben, dich noch manches Mal mit dem scharfen Messer zu kitzeln, denn dann bist du so possierlich; aber es ist einerlei. Ich will deine Schnur lösen und dir hinaushelfen, damit du nach Lappland laufen kannst; aber du mußt tüchtig Beine machen und dieses kleine Mädchen zum Schlosse der Schneekönigin bringen, wo ihr Spielkamerad ist. Du hast wohl gehört, was sie erzählte, denn sie sprach laut genug, und du horchtest!"

Das Rentier sprang vor Freude hochauf. Das Räubermädchen hob die kleine Gerda hinaus und hatte die Vorsicht, sie fest zu binden, ja sogar, ihr ein kleines Kissen zum Sitzen zu geben:

"Da hast du auch deine Pelzstiefel," sagte sie, "denn es wird kalt; aber den Muff behalte ich, der ist gar zu niedlich! Darum sollst du aber doch nicht frieren. Hier hast du meiner Mutter große Fausthandschuhe, die reichen dir gerade bis zum Ellbogen hinauf. Krieche hinein: Nun siehst du an den Händen ebenso aus wie meine häßliche Mutter!"

* * *

When the mother had taken a sup at her flask, and was having a nap, the little robber maiden went to the Reindeer, and said, "I should very much like to give you still many a tickling with the sharp knife, for then you are so amusing; however, I will untether you, and help you out, so that you may go back to Lapland. But you must make good use of your legs; and take this little girl for me to the palace of the Snow Queen, where her playfellow is. You have heard, I suppose, all she said; for she spoke loud enough, and you were listening."

The Reindeer gave a bound for joy. The robber maiden lifted up little Gerda, and took the precaution to bind her fast on the Reindeer's back; she even gave her a small cushion to sit on.

"Here are your worsted leggins, for it will be cold; but the muff I shall keep for myself, for it is so very pretty. But I do not wish you to be cold. Here is a pair of lined gloves of my mother's; they just reach up to your elbow. On with them! Now you look about the hands just like my ugly old mother!"

Und Gerda weinte vor Freude.

"Ich kann nicht leiden, daß du weinst!" sagte das kleine Räubermädchen. "Jetzt mußt du gerade recht froh aussehen! Und da hast du zwei Brote und einen Schinken; nun wirst du nicht hungern." Beides wurde hinten auf das Rentier gebunden, das kleine Räubermädchen öffnete die Tür, lochte alle die großen Hunde herein, durchschnitt dann den Strick mit ihrem scharfen Messer und sagte zum Rentier: "Laufe nun! Aber gib auf das kleine Mädchen recht acht!"

Und Gerda streckte die Hände mit den großen Fausthandschuhen gegen das Räubermädchen aus und sagte Lebewohl, und dann flog das Rentier über Stock und Stein davon, durch den großen Wald über Sümpfe und Steppen, so schnell es nur konnte. Die Wölfe heulten, und die Raben schrieen. – Fugt! Fugt! ging es am Himmel. Es war gleichsam, als ob er rot niese.

"Das sind meine alten Nordlichter!" sagte das Rentier; "sieh, wie sie leuchten!" Und dann lief es noch schneller davon, Tag und Nacht. Die Brote wurden verzehrt, der Schinken auch, und dann waren sie in Lappland.

* * *

And Gerda wept for joy.

"I can't bear to see you fretting," said the little robber maiden. "This is just the time when you ought to look pleased. Here are two loaves and a ham for you, so that you won't starve." The bread and the meat were fastened to the Reindeer's back; the little maiden opened the door, called in all the dogs, and then with her knife cut the rope that fastened the animal, and said to him, "Now, off with you; but take good care of the little girl!"

And Gerda stretched out her hands with the large wadded gloves towards the robber maiden, and said, "Farewell!" and the Reindeer flew on over bush and bramble through the great wood, over moor and heath, as fast as he could go.

"Ddsa! Ddsa!" was heard in the sky. It was just as if somebody was sneezing.

"These are my old northern-lights," said the Reindeer, "look how they gleam!" And on he now sped still quicker – day and night on he went: the loaves were consumed, and the ham too; and now they were in Lapland.

Sechste Geschichte
Die Lappin und die Finnin

Bei einem kleinen Haus hielten sie an; es war sehr jämmerlich. Das Dach ging bis zur Erde herunter, und die Tür war so niedrig, daß die Familie auf dem Bauch kriechen mußte, wenn sie heraus oder hinein wollte. Hier war außer einer alten Lappin, die bei einer Tranlampe Fische kochte, niemand im Hause; und das Rentier erzählte Gerdas ganze Geschichte, aber zuerst seine eigene, denn diese erschien ihm weit wichtiger; und Gerda war so angegriffen von der Kälte, daß sie nicht sprechen konnte.

"Ach, ihr Armen!" sagte die Lappin; "da habt ihr noch weit zu laufen! Ihr müßt über hundert Meilen weit in Finnmarken hinein, denn da wohnt die Schneekönigin auf dem Lande und brennt jeden Abend bengalische Flammen. Ich werde einige Worte auf einen trocknen Stockfisch schreiben, Papier habe ich nicht; den werde ich euch für die Finnin dort oben mitgeben. Sie kann euch besser Bescheid erteilen als ich!"

* * *

Sixth Story
The Lapland Woman and the Finland Woman

Suddenly they stopped before a little house, which looked very miserable. The roof reached to the ground; and the door was so low, that the family were obliged to creep upon their stomachs when they went in or out. Nobody was at home except an old Lapland woman, who was dressing fish by the light of an oil lamp. And the Reindeer told her the whole of Gerda's history, but first of all his own; for that seemed to him of much greater importance. Gerda was so chilled that she could not speak.

"Poor thing," said the Lapland woman, "you have far to run still. You have more than a hundred miles to go before you get to Finland; there the Snow Queen has her country-house, and burns blue lights every evening. I will give you a few words from me, which I will write on a dried haberdine, for paper I have none; this you can take with you to the Finland woman, and she will be able to give you more information than I can."

Und als Gerda nun erwärmt worden war und zu essen und zu trinken bekommen hatte, schrieb die Lappin einige Worte auf einen trockenen Stockfisch, bat Gerda, wohl darauf zu achten, band sie wieder auf dem Rentier fest, und dieses sprang davon. Fugt! Fugt! ging es oben in der Luft; die ganze Nacht brannten die schönsten blauen Nordlichter. Und dann kamen sie nach Finnmarken und klopften an den Schornstein der Finnin, denn sie hatte nicht einmal eine Tür.

Da war eine solche Hitze drinnen, daß die Finnin selbst fast völlig nackt ging. Sie war klein und ganz schmutzig. Sofort zog sie der kleinen Gerda die Fausthandschuhe und Stiefel aus, denn sonst wäre es ihr zu heiß geworden, legte dem Rentier ein Stück Eis auf den Kopf und las dann, was auf dem Stockfisch geschrieben stand. Sie las es dreimal, und dann wußte sie es auswendig und steckte den Fisch in den Suppenkessel, denn er konnte ja gegessen werden, und sie verschwendete nie etwas.

Nun erzählte das Rentier zuerst seine Geschichte, dann die der kleinen Gerda, und die Finnin blinzelte mit den klugen Augen, sagte aber gar nichts.

"Du bist sehr klug," sagte das Rentier; "ich weiß, du kannst alle Winde der Welt in einen Zwirnsfaden zusammenbinden. Wenn der Schiffer den einen Knoten löst, so bekommt er guten Wind, löst er den andern, dann weht es scharf, und löst er den dritten und vierten, dann stürmt es, daß die Wälder umfallen. Willst du nicht dem kleinen Mädchen einen Trank geben, daß sie Zwölf-Männer-Kraft erhält und die Schneekönigin überwindet?"

"Zwölf-Männer-Kraft?" sagte die Finnin. "Ja, das würde viel helfen!" Und dann ging sie zu einem Bett, nahm ein großes zusammengerolltes Fell hervor und rollte es auf. Da waren wunderbare Buchstaben darauf geschrieben, und die Finnin las, daß ihr das Wasser von der Stirn herunterlief.

Aber das Rentier bat wieder so sehr für die kleine Gerda, und Gerda blickte die Finnin mit so bittenden Augen voller Tränen an, daß diese wieder mit den ihrigen zu blinzeln anfing und das Rentier in einen Winkel zog, wo sie ihm zuflüsterte, während es wieder frisches Eis auf den Kopf bekam:

"Der kleine Kay ist freilich bei der Schneekönigin und findet dort alles nach seinem Geschmack und Gefallen und glaubt, es sei der beste Ort in der Welt. Aber das kommt daher, daß er einen Glassplitter in das Herz und ein kleines Glaskörnchen in das Auge bekommen hat; die müssen zuerst heraus, sonst wird er nie wieder ein Mensch, und die Schneekönigin wird die Gewalt über ihn behalten!"

"Aber kannst du nicht der kleinen Gerda etwas eingeben, so daß sie Gewalt über das Ganze erhält?"

"Ich kann ihr keine größere Gewalt geben als sie schon hat."

When Gerda had warmed herself, and had eaten and drunk, the Lapland woman wrote a few words on a dried haberdine, begged Gerda to take care of them, put her on the Reindeer, bound her fast, and away sprang the animal. "Ddsa! Ddsa!" was again heard in the air; the most charming blue lights burned the whole night in the sky, and at last they came to Finland. They knocked at the chimney of the Finland woman; for as to a door, she had none.

There was such a heat inside that the Finland woman herself went about almost naked. She was diminutive and dirty. She immediately loosened little Gerda's clothes, pulled off her thick gloves and boots; for otherwise the heat would have been too great – and after laying a piece of ice on the Reindeer's head, read what was written on the fish-skin. She read it three times: she then knew it by heart; so she put the fish into the cupboard – for it might very well be eaten, and she never threw anything away.

Then the Reindeer related his own story first, and afterwards that of little Gerda; and the Finland woman winked her eyes, but said nothing.

"You are so clever," said the Reindeer; "you can, I know, twist all the winds of the world together in a knot. If the seaman loosens one knot, then he has a good wind; if a second, then it blows pretty stiffly; if he undoes the third and fourth, then it rages so that the forests are upturned. Will you give the little maiden a potion, that she may possess the strength of twelve men, and vanquish the Snow Queen?"

"The strength of twelve men!" said the Finland woman. "Much good that would be!" Then she went to a cupboard, and drew out a large skin rolled up. When she had unrolled it, strange characters were to be seen written thereon; and the Finland woman read at such a rate that the perspiration trickled down her forehead.

But the Reindeer begged so hard for little Gerda, and Gerda looked so imploringly with tearful eyes at the Finland woman, that she winked, and drew the Reindeer aside into a corner, where they whispered together, while the animal got some fresh ice put on his head.

"'Tis true, little Kay is at the Snow Queen's, and finds everything there quite to his taste; and he thinks it the very best place in the world; but the reason of that is, he has a splinter of glass in his eye, and in his heart. These must be got out first; otherwise he will never go back to mankind, and the Snow Queen will retain her power over him."

"But can you give little Gerda nothing to take which will endue her with power over the whole?"

"I can give her no more power than what she has already."

"Siehst du nicht, wie groß die ist? Siehst du nicht, wie Menschen und Tiere ihr dienen müssen, wie sie mit bloßen Füßen so gut in der Welt fortgekommen ist?

Sie kann nicht von uns ihre Macht erhalten; sie sitzt in ihrem Herzen und besteht darin, daß sie ein liebes unschuldiges Kind ist. Kann sie nicht selbst zur Schneekönigin hineingelangen und das Glas aus dem kleinen Kay entfernen, dann können wir nicht helfen! Zwei Meilen von hier beginnt der Schneekönigin Garten, dahin kannst du das kleine Mädchen tragen. Setze sie beim großen Busch ab, welcher mit roten Beeren im Schnee steht. Halte keinen Gevatterklatsch, sondern spute dich, hierher zurückzukommen!" Und dann hob die Finnin die kleine Gerda auf das Rentier, das lief, was es konnte.

"Oh, ich habe meine Stiefel nicht! Ich habe meine Fausthandschuhe nicht!" rief die kleine Gerda. Das merkte sie in der schneidenden Kälte; aber das Rentier wagte nicht, anzuhalten. Es lief, bis es zu dem Busch mit den roten Beeren gelangt. Da setzte es Gerda ab und küßte sie auf den Mund, und es liefen große, heiße Tränen über die Backen des Tieres; und dann sprang es, was es nur konnte, wieder zurück. Da stand die arme Gerda ohne Schuhe, ohne Handschuhe mitten in den fürchterlichen, eiskalten Finnmarken.

Sie lief vorwärts, so schnell sie nur konnte. Da kam ein ganzes Regiment Schneeflocken; aber die fielen nicht vom Himmel herunter, denn der war ganz hell und glänzte von Nordlichtern. Die Schneeflocken liefen gerade auf der Erde dahin, und je näher sie kamen, desto größer wurden sie. Gerda erinnerte sich noch, wie groß und künstlich die Schneeflocken damals ausgesehen hatten, als sie dieselben durch ein Brennglas betrachtete. Aber hier waren sie freilich noch weit größer und fürchterlicher; sie lebten. Sie waren der Schneekönigin Vorposten; sie hatten die sonderbarsten Gestalten. Einige sahen aus wie häßliche große Stachelschweine; andere wie Knoten, gebildet von Schlangen, welche die Köpfe hervorstrecken; noch andere wie kleine dicke Bären, auf denen die Haare sich sträuben. Alle waren glänzend weiß, alle waren lebendige Schneeflocken.

Da betete die kleine Gerda ihr Vaterunser. Und die Kälte war so groß, daß sie ihren eigenen Atem sehen konnte; der ging ihr wie Rauch aus dem Munde. Der Atem wurde dichter und dichter und gestaltete sich zu kleinen Engeln, die mehr und mehr wuchsen, wenn sie die Erde berührten; und alle hatten Helme auf dem Kopf und Spieße und Schilde in den Händen. Ihre Anzahl wurde größer und größer, und als Gerda ihr Vaterunser beendet hatte, war eine ganze Legion um sie. Sie stachen mit ihren Spießen gegen die greulichen Schneeflocken, so daß diese in hundert Stücke zersprangen. Und die kleine Gerda ging ganz sicher und frischen Mutes vorwärts. Die Engel streichelten ihr Hände und Füße, da empfand sie weniger, wie kalt es war und eilte zu der Schneekönigin Schloß.

Aber nun müssen wir doch erst sehen, was Kay macht. Er dachte freilich nicht an die kleine Gerda, und am wenigsten, daß sie draußen vor dem Schlosse stehe.

"Don't you see how great it is? Don't you see how men and animals are forced to serve her; how well she gets through the world barefooted? She must not hear of her power from us; that power lies in her heart, because she is a sweet and innocent child! If she cannot get to the Snow Queen by herself, and rid little Kay of the glass, we cannot help her. Two miles hence the garden of the Snow Queen begins; thither you may carry the little girl. Set her down by the large bush with red berries, standing in the snow; don't stay talking, but hasten back as fast as possible." And now the Finland woman placed little Gerda on the Reindeer's back, and off he ran with all imaginable speed.

"Oh! I have not got my boots! I have not brought my gloves!" cried little Gerda. She re-marked she was without them from the cutting frost; but the Reindeer dared not stand still; on he ran till he came to the great bush with the red berries, and there he set Gerda down, kissed her mouth, while large bright tears flowed from the animal's eyes, and then back he went as fast as possible. There stood poor Gerda now, without shoes or gloves, in the very middle of dreadful icy Finland.

She ran on as fast as she could. There then came a whole regiment of snow-flakes, but they did not fall from above, and they were quite bright and shining from the Aurora Borealis. The flakes ran along the ground, and the nearer they came the larger they grew. Gerda well remembered how large and strange the snow-flakes appeared when she once saw them through a magnifying-glass; but now they were large and terrific in another manner – they were all alive. They were the outposts of the Snow Queen. They had the most wondrous shapes; some looked like large ugly porcupines; others like snakes knotted together, with their heads sticking out; and others, again, like small fat bears, with the hair standing on end: all were of dazzling whiteness – all were living snow-flakes.

Little Gerda repeated the Lord's Prayer. The cold was so intense that she could see her own breath, which came like smoke out of her mouth. It grew thicker and thicker, and took the form of little angels, that grew more and more when they touched the earth. All had helms on their heads, and lances and shields in their hands; they increased in numbers; and when Gerda had finished the Lord's Prayer, she was surrounded by a whole legion. They thrust at the horrid snow-flakes with their spears, so that they flew into a thousand pieces; and little Gerda walked on bravely and in security. The angels patted her hands and feet; and then she felt the cold less, and went on quickly towards the palace of the Snow Queen.

But now we shall see how Kay fared. He never thought of Gerda, and least of all that she was standing before the palace.

Siebente Geschichte
Von dem Schloß der Schneekönigin und war sich später darin zutrug

Die Wände des Schlosses waren gebildet von dem treibenden Schnee und Fenster und Türen von den schneidenden Winden. Es waren über hundert Säle darin, alle wie sie der Schnee zusammenwehte. Der größte erstreckte sich mehrere Meilen lang. Das starke Nordlicht beleuchtete sie alle, und sie waren so groß, so leer, so eisig kalt und so glänzend! nie gab es hier Lustbarkeiten, nicht einmal einen kleinen Bärenball, wozu der Sturm hätte aufspielen und wobei die Eisbären hätten auf den Hinterfüßen gehen und ihre feinen Manieren zeigen können; nie eine kleine Spielgesellschaft mit Maulklapp und Tatzenschlag; nie ein klein bißchen Kaffeeklatsch von den Weißfuchs- Fräuleins; leer, groß und kalt war es in der Schneekönigin Sälen. Die Nordlichter flammten so genau, daß man sie zählen konnte, wann sie am höchsten und wann sie am niedrigsten standen. Mitten in diesem leeren unendlichen Schneesaal war ein zugefrorener See, der war in tausend Stücke zersprungen; aber jedes Stück war dem andern so gleich, daß es ein vollkommenes Kunstwerk war. Und mitten auf dem See saß die Schneekönigin, wenn sie zu Hause war, und dann sagte sie, daß sie im Spiegel des Verstandes säße und daß dieser der einzige und der beste in der Welt sei.

Der kleine Kay war ganz blau vor Kälte, ja fast schwarz; aber er merkte es nicht, denn sie hatte ihm den Frostschauer abgeküßt, und sein Herz glich einem Eisklumpen. Er schleppte einige scharfe, flache Eisstücke hin und her, die er auf alle mögliche Weise aneinanderfügte, denn er wollte damit etwas herausbringen. Es war gerade, als wenn wir kleine Holztafeln haben und diese in Figuren aneinanderlegen, was man das chinesische Spiel nennt. Kay ging auch und legte Figuren, und zwar die allerkunstvollsten. Das war das Eisspiel des Verstandes. In seinen Augen waren die Figuren ganz ausgezeichnet und von der höchsten Wichtigkeit: das machte das Glaskörnchen, welches ihm im Auge saß! Er legte vollständige Figuren, die ein geschriebenes Wort waren; aber nie konnte er es dahin bringen, das Wort zu legen, das er unbedingt haben wollte, das Wort Ewigkeit. Und die Schneekönigin hatte gesagt: "Kannst du diese Figur ausfinden machen, dann sollst du dein eigener Herr sein, und ich schenke dir die ganze Welt und ein Paar neue Schlittschuhe." Aber er konnte es nicht.

"Nun sause ich fort zu den warmen Ländern!" sagte die Schneekönigin. "Ich will hinfahren und in die schwarzen Töpfe hineinsehen!" Das waren die feuerspeienden Berge Ätna und Vesuv, wie man sie nennt. "Ich werde sie ein wenig weiß machen! Das gehört dazu; das tut den Zitronen und Weintrauben gut!" Und die Schneekönigin flog davon, und Kay saß ganz allein in dem viele Meilen großen, leeren Eissaal, betrachtete die Eisstücke und dachte und dachte, so daß es in ihm knackte. Ganz steif und still saß er, man hätte glauben können, er sei erfroren.

Seventh Story
What Took Place in the Palace of the Snow Queen, and what Happened Afterward

The walls of the palace were of driving snow, and the windows and doors of cutting winds. There were more than a hundred halls there, according as the snow was driven by the winds. The largest was many miles in extent; all were lighted up by the powerful Aurora Borealis, and all were so large, so empty, so icy cold, and so resplendent! Mirth never reigned there; there was never even a little bear-ball, with the storm for music, while the polar bears went on their hindlegs and showed off their steps. Never a little tea-party of white young lady foxes; vast, cold, and empty were the halls of the Snow Queen. The northern-lights shone with such precision that one could tell exactly when they were at their highest or lowest degree of brightness. In the middle of the empty, endless hall of snow, was a frozen lake; it was cracked in a thousand pieces, but each piece was so like the other, that it seemed the work of a cunning artificer. In the middle of this lake sat the Snow Queen when she was at home; and then she said she was sitting in the Mirror of Understanding, and that this was the only one and the best thing in the world.

Little Kay was quite blue, yes nearly black with cold; but he did not observe it, for she had kissed away all feeling of cold from his body, and his heart was a lump of ice. He was dragging along some pointed flat pieces of ice, which he laid together in all possible ways, for he wanted to make something with them; just as we have little flat pieces of wood to make geometrical figures with, called the Chinese Puzzle. Kay made all sorts of figures, the most complicated, for it was an ice-puzzle for the understanding. In his eyes the figures were extraordinarily beautiful, and of the utmost importance; for the bit of glass which was in his eye caused this. He found whole figures which represented a written word; but he never could manage to represent just the word he wanted – that word was "eternity"; and the Snow Queen had said, "If you can discover that figure, you shall be your own master, and I will make you a present of the whole world and a pair of new skates." But he could not find it out.

"I am going now to warm lands," said the Snow Queen. "I must have a look down into the black caldrons." It was the volcanoes Vesuvius and Etna that she meant. "I will just give them a coating of white, for that is as it ought to be; besides, it is good for the oranges and the grapes." And then away she flew, and Kay sat quite alone in the empty halls of ice that were miles long, and looked at the blocks of ice, and thought and thought till his skull was almost cracked. There he sat quite benumbed and motionless; one would have imagined he was frozen to death.

Da geschah es, daß die kleine Gerda durch das große Tor in das Schloß trat. Hier herrschten schneidende Winde; aber sie betete ein Abendgebet, und da legten sich die Winde, als ob sie schlafen wollten. Und sie trat in die großen, leeren, kalten Säle ein – da erblickte sie Kay. Sie erkannte ihn, sie flog ihm um den Hals, hielt ihn so fest und rief: "Kay! Lieber, kleiner Kay! Da habe ich dich endlich gefunden!"

Aber er saß ganz still, steif und kalt; da weinte die kleine Gerda heiße Tränen, die fielen auf seine Brust, sie drangen in sein Herz, sie tauten den Eisklumpen auf und verzehrten das kleine Spiegelstück darin. Er betrachtete sie, und sie sang:

Rosen, die blüh'n und verwehen;

Wir werden das Christkindlein sehen!

Da brach Kay in Tränen aus. Er weinte so, daß das Spiegelsplitterchen aus dem Auge schwamm, und nun erkannte er sie und jubelte: "Gerda! Liebe, kleine Gerda! Wo bist du so lange gewesen? Und wo bin ich gewesen?"

* * *

Suddenly little Gerda stepped through the great portal into the palace. The gate was formed of cutting winds; but Gerda repeated her evening prayer, and the winds were laid as though they slept; and the little maiden entered the vast, empty, cold halls. There she beheld Kay: she recognized him, flew to embrace him, and cried out, her arms firmly holding him the while, "Kay, sweet little Kay! Have I then found you at last?"

But he sat quite still, benumbed and cold. Then little Gerda shed burning tears; and they fell on his bosom, they penetrated to his heart, they thawed the lumps of ice, and consumed the splinters of the looking-glass; he looked at her, and she sang the hymn:

"The rose in the valley is blooming so sweet,

And angels descend there the children to greet."

Hereupon Kay burst into tears; he wept so much that the splinter rolled out of his eye, and he recognized her, and shouted, "Gerda, sweet little Gerda! Where have you been so long? And where have I been?"

Und er blickte rings um sich her. "Wie kalt es hier ist! Wie es hier weit und leer ist!"

Und er klammerte sich an Gerda an, und sie lachte und weinte vor Freude. Das war so herrlich, daß selbst die Eisstücke vor Freude ringsherum tanzten, und als sie müde waren und sich niederlegten, lagen sie gerade in den Buchstaben, von denen die Schneekönigin gesagt hatte, daß er sie ausfindig machen sollte, dann wäre er sein eigener Herr und sie wolle ihm die ganze Welt und ein Paar neue Schlittschuhe geben.

Und Gerda küßte seine Wangen, und sie wurden blühend; sie küßte seine Augen, und sie leuchteten gleich den ihrigen; sie küßte seine Hände und Füße, und er war gesund und munter. Die Schneekönigin mochte nun nach Hause kommen; sein Freibrief stand da mit glänzenden Eisstücken geschrieben.

Und sie faßten einander bei den Händen und wanderten aus dem großen Schloß hinaus. Sie sprachen von der Großmutter und von den Rosen oben auf dem Dach; und wo sie gingen, ruhten die Winde und die Sonne brach hervor.

* * *

He looked round him. "How cold it is here!" said he. "How empty and cold!"

And he held fast by Gerda, who laughed and wept for joy. It was so beautiful, that even the blocks of ice danced about for joy; and when they were tired and laid themselves down, they formed exactly the letters which the Snow Queen had told him to find out; so now he was his own master, and he would have the whole world and a pair of new skates into the bargain.

Gerda kissed his cheeks, and they grew quite blooming; she kissed his eyes, and they shone like her own; she kissed his hands and feet, and he was again well and merry. The Snow Queen might come back as soon as she liked; there stood his discharge written in resplendent masses of ice.

They took each other by the hand, and wandered forth out of the large hall; they talked of their old grandmother, and of the roses upon the roof; and wherever they went, the winds ceased raging, and the sun burst forth.

Printed in Germany
by Amazon Distribution
GmbH, Leipzig

26992064R00036